D1147602

Sydney

Berlitz Publishing Company, Inc.

Princeton   Mexico City   Dublin   Eschborn   Singapour

Texte:	révisé par Peter Needham; texte original de Ken Bernstein
Rédaction:	Media Content Marketing, Inc.
Photographie:	Jon Davison: pages 3, 4, 6, 8, 11,12, 14, 16, 18, 21, 26, 29, 30, 33, 35, 38, 41, 42, 45, 46, 49, 62, 66, 81, 82, 85, 86, 90, 94, 96, 100-101; Australian Tourist Commission: pages 50, 53, 54, 72.
Photo montage:	Naomi Zinn
Maquette:	Media Content Marketing, Inc.
Cartographie:	Ortelius Design

Bien que l'éditeur soit soucieux d'assurer l'exactitude des informations présentées dans ce guide, des changements sont inévitables et peuvent engendrer des erreurs. L'éditeur décline toute responsabilité en cas de dommages ou de désagréments qui pourraient en résulter. N'hésitez pas à nous faire part de vos suggestions en écrivant à Berlitz Publishing Company, au 400 Alexander Park, Princeton, NJ 08540-6306.

ISBN 2-8315-7263-0
1re édition revue et augmentée avril 1999

Imprimé en Suisse
019/904 REV

SOMMAIRE

● Un ☛ dans la marge indique un site ou monument que nous vous recommandons tout particulièrement

Sydney

SYDNEY
ET SES HABITANTS

Ensoleillée, battue par les vagues, Sydney, à la porte de l'Australie, apparaît à ses visiteurs comme une ville faite pour les loisirs de plein air. Audacieuse et lumineuse, la ville séduit d'abord par son physique. Les passagers qui arrivent en avion au lever du jour (c'est l'heure à laquelle la plupart des vols internationaux atterrissent sur l'aéroport international de Sidney) ne peuvent que s'émerveiller de la brume qui s'élève lentement de la cime des eucalyptus gris vert qui emplissent les vallées. A mesure que la ville la plus cosmopolite d'Australie se dévoile en contrebas, les paysages boisés cèdent la place aux toits couleur de terre cuite et à l'eau scintillante des piscines. Si vous arrivez plus tard dans la journée, vous découvrirez la ville illuminée, ses plages et ses yachts qui ondulent doucement sur une mer vert bouteille.

Le port majestueux de la ville, qui remonte à l'est de l'océan sur environ 20 km à l'intérieur des terres, est sans doute son point culminant, mais la métropole s'étend sur plus de 60 km vers l'ouest en direction des Blue Mountains (Montagnes Bleues). Au nord et au sud, Sidney est bordée par deux vastes parc nationaux.

Il suffit de voir la ville pour comprendre pourquoi quatre millions de personnes, près du cinquième de la population de l'Australie, ont choisi d'y vivre. S'il fallait décerner un prix de qualité de vie à une capitale mondiale, Sidney l'emporterait sans doute (ce qui n'est pas sans ironie quand on se souvient de sa vocation première de colonie pénitentiaire britannique). Sydney, gorgée de soleil, impertinente, s'adonne avec joie aux sports de plein air. La ville figure parmi les destinations touristiques les plus prisées au monde; ses habitants s'en réjouissent.

A l'échelle mondiale, l'eau et l'air de Sidney sont propres, les rues sont sûres, les restaurants sont variés et bon marché, les

Bondi Beach, la bande de sable la plus célèbre d'Australie.

habitants bavardent volontiers et sont célèbres pour le plaisir qu'ils prennent à leurs loisirs. Le climat de Sidney est agréable et tempéré; les températures tombent rarement au-dessous de 10° C en hiver, la moyenne des températures les plus hautes en été est de 25° C. Les vagues de chaleur estivales peuvent atteindre 38° C, mais sont rares et brèves.

Le port, officiellement appelé Port Jackson, divise la ville en quartiers nord et sud. La division est marquée par le Harbour Bridge, un grand pont gris achevé en 1932. Cela peut paraître invraisemblable mais les grandes tours de pierre (pylônes) à chaque extrémité du pont ne servent à rien. Elles ont pour seule fonction d'empêcher qu'il ne ressemble à un portemanteau. La plupart des sites intéressants et des loisirs se trouvent au sud du pont, notamment l'Opéra, le centre des affaires (Central Business District ou CBD), Darling Harbour, le quartier historique des Rocks, la plage de Bondi, l'impudique Kings Cross, Woolloomooloo, l'élégant Paddington, ainsi que les innombrables boutiques et pubs.

Au nord du pont, les faubourgs boisés, riches et parsemés de petits centres commerciaux, offrent quelques sites intéressants comme le Taronga Zoo. On y trouve d'agréables terrasses pour dîner sur la côte et de belles plages à la pointe nord.

Le quartier juste au sud du port, connu sous le nom de Rocks, est l'un des plus anciens de Sydney. Ses rues se prêtent à la flânerie, ses boutiques sont plaisantes, ses restaurants et pubs accueillants. Le samedi, le marché de Paddington foisonne de talents locaux. Et Chinatown (le quartier chinois) regorge de restaurants bon marché, de même que Leichhardt, le quartier italien de Sydney.

Dans un tel environnement, les habitants de Sydney s'adonnent aux activités de plein air. Ils jouent ou regardent les matches de cricket (le sport principal en été) ou de rugby (le sport dominant en hiver). Ils aiment tout autant le football australien, la natation, l'équitation, la navigation sur le port ou simplement se prélasser sur la plage.

Si vous aimez les plages, vous aimerez Sidney. La ville compte quelque 70 plages qui sont toutes ouvertes au public; il n'y a pas de plages privées. Certaines attirent les familles, les pique-niqueurs, les lanceurs de frisbee et les joueurs de volley-ball. D'autres prêtent leurs vagues aux surfeurs; une ou deux abritent des nudistes timides (ou moins timides). Certaines plages sont bondées et bruyantes; d'autres sont retirées et peu fréquentées car leur accès est rendu plus difficile par une longue marche en forêt.

La côte de Sydney est très découpée et s'étendrait sur 350 km si on la déroulait en ligne droite. On distingue deux catégories de plages: les plages océanes, tournées vers le large et battues par les vagues et les plages portuaires, parallèles au Sydney Harbour, où la mer est plus calme.

La chance tient une grande place dans la vie de Sydney. La ville fut plus ou moins fondée sur un coup de chance, lorsque le capitaine anglais, Arthur Phillip, déplaça la Première Flotte (les premiers bateaux de colons) vers Port Jackson, alors inconnu. Sa mission était d'installer sa colonie à Botany Bay, plus au sud, mais le lieu ne l'inspirait pas. La nouvelle colonie installée autour de Port Jackson ne survécut que par chance, ce qui explique sans doute la passion des habitants de Sydney pour les jeux de hasard.

Aujourd'hui, la moyenne annuelle des paris s'élève à plus de 850 dollars australiens par personne, ce qui comprend les loteries, les machines à sous et les courses de chevaux. Si vous êtes très chanceux, vous gagnerez un *motza* au loto, une grosse somme d'argent en argot de Sydney. L'Opéra de Sydney, le bâtiment le plus connu de la ville, fut financé par la loterie et plus de 10% des revenus des impôts de l'Etat du New South Wales proviennent du jeu. Le nouveau casino de Sydney, le Star City, abrite 200 tables de jeux et 1500 machines à sous. Connues sous le nom de *pokies,* les machines à sous ont envahi quasiment tous les bars de quartier.

Au travail ou ailleurs, les habitants de Sydney sont toujours enjoués. *G'day, mate!,* l'équivalent d'un «salut» badin, est souvent suivi par *how ya goin', alright?* (Ça va bien?). L'argot australien est unique et surprendra tout autant les Américains que les Britanniques ou les Européens. Par exemple, *Yakka* veut dire «travailler». L'expression classique des optimistes, *she'll be righ*t a été remplacée par *no worries,* ce qui veut également dire que tout ira bien.

Et Sydney continue à évoluer mêlant les influences dominantes de l'Angleterre et des Etats-Unis. Les touristes britanniques s'étonnent du style californien, mais les Américains sont surpris par l'aspect britannique de la vie quotidienne. Les deux éléments sont très présents. Les élèves des écoles privées de Sydney portent encore les mêmes uniformes qu'en Angleterre, un blazer et un chapeau de paille. Le Cricket est un sport populaire qui, l'été, envahit toutes les pelouses et Sydney

Dès mai 2000, juste à temps pour les Jeux, la gare centrale de Sydney sera reliée par train à l'aéroport international.

a emprunté ses noms de lieux à Londres (par exemple, Oxford Street et Hyde Park).

Pourtant, non loin de là, dans George Street, les jeunes qui se pressent dans les grandes salles de cinéma ont la même allure que ceux de Los Angeles, à première vue en tout cas. Ils copient la dernière mode américaine qu'ils voient à la télévision. Les chemises et les casquettes aux emblèmes d'une équipe de sport sont aussi courantes à Sydney qu'à New York. Le base-ball gagne également du terrain.

De nombreux groupes ethniques différents partagent la ville; les habitants de Sydney puisent leurs origines dans 140 nations différentes, à peine moins que les 197 groupes nationaux représentés aux Jeux Olympiques. Mais, cette diversité est récente. Jusqu'à la Deuxième Guerre mondiale, Sydney était surtout une province anglaise sous le soleil et sa population descendait principalement d'Irlandais et d'Anglais. Après la Deuxième Guerre mondiale, l'Australie s'est ouverte à une immigration multiple («peupler ou périr»). Sydney s'est tellement transformée qu'aujourd'hui, un quart seulement de sa population est d'origine anglophone. Après l'anglais, les langues les plus parlées dans la ville sont le chinois, l'arabe, l'italien et l'espagnol.

D'une société constituée de consommateurs de cuisine traditionnelle et de buveurs de bière, Sydney est devenue une société multiculturelle au goût méditerranéen. Aujourd'hui, les habitants de Sydney sirotent de plus en plus de cappuccinos ou de vin blanc et consomment moins de «schooner» de liquide ambré *amber fluid* désigne la bière mais aussi un compagnon; un schooner est l'équivalent d'un demi. Toutefois, si les buveurs de cappuccinos s'imposent dans les quartiers à la mode de l'est de Sydney, les goûts traditionnels persistent dans les quartiers ouvriers de l'ouest. Ainsi, le Blacktown Workers Club sert plus de bières à pression que tout autre bar à bière du monde. Ses clients assoiffés boivent plus d'un million de litres par an.

Circular Quay attire autant les locaux que les touristes. Le magnifique bâtiment de l'Opéra est l'un de ses attraits.

UN PEU D'HISTOIRE

Sydney rattrape en couleurs ce qui lui manque en passé. En deux siècles d'existence, la ville a accueilli plus que sa part de personnages singuliers. On citera notamment, parmi les tyrans, le Capitaine Bligh, célèbre commandant du navire de guerre, HMS Bounty, qui survécut à une mutinerie pour être envoyé à Sydney comme gouverneur du New South Wales.

Parmi les personnages moins connus, on se rappellera de James Hardy Vaux, charmant pickpocket et escroc, qui fut déporté enchaîné (trois fois) d'Angleterre en Australie. Chaque fois Vaux réussit à regagner l'Angleterre, il l'envoyèrent en 1801 pour avoir volé le mouchoir d'une femme, puis pour avoir cambriolé une bijouterie et enfin, pour fabrique de fausse monnaie.

Bennelong, le premier Aborigène à parler anglais et à s'habiller à l'occidentale, était un individu fort respectable. (Il fut également le premier Aborigène à boire du rhum, mais c'est une autre histoire). Bennelong voyagea jusqu'à Londres où le roi George III (alors en pleine possession de ses facultés mentales) lui donna un manteau. L'Aborigène retourna à Sydney en 1795 et s'installa dans une hutte à l'endroit où se trouve aujourd'hui l'Opéra.

Les échos du «temps des rêves»

L'Australie est peuplée depuis plus longtemps que l'Europe, peut-être deux fois plus longtemps. Les premiers habitants seraient arrivés il y a 40 000 ou 60 000 ans lors de l'époque glaciaire pléistocène (quaternaire). Ils seraient venus par une bande de terre depuis l'Asie du Sud-Est. Quand Cook débarqua, la région autour de Sydney était peuplée par les Eoras, l'une des quelque 600 tribus aborigènes vivant en Australie. Ces tribus parlent de nombreuses langues dont certaines sont très distinctes. Le terme «Eora», dans la langue locale de Sydney, voulait simplement dire «humain».

La maison d'un chercheur d'or des années 1870 atteste de l'austérité de la vie en Australie à cette époque.

Pendant des millénaires, les Aborigènes vécurent séparés en tribus qui, croyaient-ils, avaient été établies par des héros ancestraux au cours d'une période appelée «temps des rêves». Les légendes de l'époque racontent en détail chaque arbre, pierre ou rivière et expliquent comment les humains peuvent vivre en harmonie avec la nature. Les chemins et les allées tracés par les Aborigènes couvrent toute la superficie de l'Australie. Ces tracés étaient souvent investis de qualités magiques ou rituelles et reliaient entre eux d'importants points d'eaux et sources d'alimentation, ainsi que des points de repères.

Les Aborigènes ne construisaient pas de structures permanentes mais vivaient d'une manière qui permit leur survie dans l'environnement dur et aride du «Outback». Ils ramassaient des herbes, pêchaient et chassaient les kangourous, wallabys, iguanes et autre faune locale à l'aide de javelots et de boomerangs. Ils se nourrissaient de baies, de racines et d'insectes. (La cuisine aborigène traditionnelle est devenue récemment reputée, tel le *bush tucker,* servi dans les restaurants de spécialités.)

Des colons enchaînés

En 1770, devant les hauteurs de l'est de l'Australie, le célèbre navigateur anglais, Capitaine Cook, déclara qu'elles lui rappelaient le sud du Pays de Galles et leur donna le nom de New South Wales. Il arriva sur la côte est de l'Australie et explora Botany Bay, un peu au sud de l'actuelle ville de Sydney, là où se situe la troisième piste de l'aéroport. Cook réclama le territoire qu'il avait délimité au nom de King George III. Les Hollandais (et probablement les Espagnols, les Portugais et les Chinois) avaient visité l'Australie avant lui, mais c'est l'arrivée de Cook qui fut déterminante pour la suite.

Les Anglais décidèrent rapidement que l'Australie était l'endroit idéal pour déporter leurs condamnés. A la fin du XVIIIe siècle, les prisons anglaises étaient surpeuplées et lorsque la Guerre d'Indépendance américaine mit fin aux déportations régulières de bagnards vers l'Amérique et les Antilles (où ils travaillaient comme les esclaves sur les plantations), le gouvernement décida que Sydney ferait une colonie pénitentiaire parfaite. En Angleterre, à cette époque, 223 crimes étaient punissables de mort; en pratique, les condamnés n'étaient pendus que pour 25 de ces crimes, ce qui laissait un bon nombre de prisonniers à déporter dans les parties les plus éloignées de l'Empire.

L'influence irlandaise

La déportation de forçats d'Angleterre contribua à faire de l'Australie le pays le plus irlandais en dehors de l'Irlande. Après l'écrasement par les troupes anglaises de la révolte irlandaise de 1798, des milliers de rebelles furent torturés, pendus ou déportés. En 1800, presque tous les Australiens de race blanche était anglais de naissance ou d'origine. A peine huit ans plus tard, plus de 20% d'entre eux étaient irlandais.

Les premiers bateaux de bagnards colons arrivèrent en 1787. La Première Flotte, sous le commandement du capitaine en retraite, Arthur Phillip, était constituée de onze vaisseaux qui transportaient 1030 personnes, parmi lesquelles 548 prisonniers hommes et 188 femmes qui étaient tous des récidivistes, la plupart condamnés pour vol. Il n'y avait parmi eux aucun meurtrier; ceux-là étaient pendus.

Phillip jeta l'ancre dans Port Jackson (baptisé sans être visité par Cook), qu'il décrivit comme «l'un des plus beaux ports du monde». La flotte naviga jusqu'à Sydney Cove, une baie en demi-cercle qui est connue aujourd'hui sous le nom de Circular Quay et au bord de laquelle se trouve l'Opéra.

Pour les Eoras sur la berge, la vue d'une flotte toutes voiles dehors était aussi surprenante que l'auraient été des vaisseaux en provenance de l'espace. Comme l'avait remarqué le Capitaine Cook, sept ans plus tôt, les Aborigènes ne bougèrent pas à la vue

d'un grand navire sous voile. Mais lorsque les chaloupes furent mises à l'eau, les Eoras réagirent pensant qu'une chaloupe pleines de rameurs n'augurait rien de bon. L'arrivée de ces étrangers à la peau claire fut cause de surprise et de consternation. Des rumeurs se répandirent selon lesquelles l'un des piliers qui soutenaient le ciel s'était effondré et qu'il tombait ainsi des étoiles et d'étranges esprits sur la terre.

Ces immigrants fantôma-tiques rappellent les premiers colons.

En quelques mois d'existence, cette colonie de petits voleurs, de marins et de soldats souffrait de famine. En dépit de cette menace, les bateaux de forçats continuaient à arriver.

En Angleterre, le ministre de l'Intérieur, Lord Bathurst (dont une rue de Sydney porte le nom) déclara qu'il voulait que la menace de déportation soit un «objet de terreur» pour les délinquants. Tous savaient qu'en New South Wales, le gouverneur Phillip était en droit d'emprisonner, de fouetter ou de pendre à discrétion. L'Angleterre affréta une deuxième flotte pour Sydney en 1790 qui fut suivie d'une troisième. Sur place, un semblant d'ordre était maintenu à coups de fouet (généralement administrés par série de 40, mais pouvant aller jusqu'à 100) même si la punition entraînait quelquefois la mort.

L'héritage du rhum

Les relations avec les Eoras et les autres tribus aborigènes se dégradèrent à mesure que le rhum et les maladies apportées de l'ouest faisaient leur effet. Entre 1788 et 1890, la population aborigène se réduisit de 300 000 à environ 50 000. (La population aborigène de Sydney comptait à peine quelques centaines d'habitants à la fin du siècle dernier, alors même que de nombreux Aborigènes quittaient leurs terres ancestrales. Aujourd'hui moins d'1% de la population de la ville est aborigène.)

Lorsque le gouverneur Phillip se retira, l'armée prit le pouvoir. L'officier en chef de la colonie, le major Francis Grose, institua le commerce du rhum. Ses troupes, surnommées les Rum Corps, firent fortune dans le trafic d'alcool. Sydney devint l'une des colonies les plus alcooliques du monde. On y consommait de l'aguardiente brésilienne et des alcools bon marché fabriqués au Bengale. Le rhum servait même de monnaie lors des transactions commerciales.

Londres décida d'envoyer un homme autoritaire afin de secouer cette milice imbibée de boisson. Le capitaine William

Bligh, célèbre bien avant son arrivée, était venu à bout, à bord d'un vaisseau léger, de la mutinerie du vaisseau militaire HMS Bounty en 1789. Au lieu de périr en mer, comme l'avaient espéré les mutins, Bligh et les 18 membres de son équipage naviguèrent de Tahiti jusqu'au Timor, une traversée d'environ 6400 km, l'un des plus longs voyages jamais effectués dans un bateau aussi petit. Quand Bligh fut nommé gouverneur du New South Wales en 1805, son caractère légendaire lui valut le surnom de Caligula, d'après l'empereur romain le plus détesté et le plus craint.

Le 26 janvier 1808, alors que Bligh trinquait au vingt ans de Sydney, un groupe de ses officiers se mutina et le fit prisonnier. La Révolte du Rhum, comme on l'appela par la suite, destitua Bligh et le garda en détention pendant un an. Londres envoya alors un excellent officier écossais, Lachlan Macquarie, pour vaincre les rebelles. La carrière de Bligh ne souffrit pas de cet événement, il termina avec le grade de vice-amiral mais perdit néanmoins la gouvernance du New South Wales au profit de Macquarie.

Le HMS Bounty qui fut commandé par le tyrannique capitaine William Bligh jusqu'à la célèbre mutinerie de 1789.

Macquarie le visionnaire

La vie dans la colonie s'améliora sous l'administration progressiste de Macquarie et Sydney délaissa ses allures de camp militaire pour devenir une ville. Les huttes de chaumes qui bordaient les chemins boueux cédèrent progressivement la place à des écoles, des églises, un hôpital et même un tribunal, tous construits en dur. Francis Greenway, un faussaire que Macquarie avait pardonné, devint l'architecte officiel de la colonie. Il se révéla talentueux. Les réformes proposées par Macquarie rencontrèrent la résistance de Londres qui craignait qu'elles ne contredisent l'idée initiale qui était de terroriser les criminels.

Les déportations de bagnards se sont prolongées jusqu'à la moitié du XIXe siècle, avant d'être dépassées par l'immigration volontaire. En 1849, lorsque l'un des derniers navires de bagnards jeta l'ancre dans Sidney Cove, les citoyens respectables de Sydney furent outrés. D'autant plus qu'il arriva en même temps que des navires amenant des immigrants volontaires. Toujours est-il qu'il y a peu de temps encore, le nombre de descendants de bagnards dépassait celui des immigrés volontaires.

La ruée vers l'or

Le XIXe siècle fit la fortune de l'Australie. En 1813, les explorateurs traversèrent les Blue Mountains à l'ouest de Sydney et découvrirent des plaines sèches mais arables qui s'étendaient à perte de vue. En 1851, au-delà des Blue Mountains, à 200 km de Sydney, un vétéran de la ruée vers l'or californienne fonda une colonie minière baptisée Ophir. (Les médailles d'or pour les Jeux Olympiques de Sydney en l'an 2000 seront fondées en or de cette région).

La ruée vers l'or est un élément déterminant de l'histoire australienne moderne. Elle renversa l'exode des Australiens qui délaissèrent la Californie et apporta des flux de nouveaux colons sur le territoire. En 1851, la population du New South Wales était de 187 000 habitants. Neuf ans plus tard, elle avait quasiment doublée et s'élevait à 348 000 habitants.

Peu de temps après l'ouverture de la mine d'Ophir, des prospecteurs de Melbourne trouvèrent de l'or à Ballarat, ce qui déclencha une marée d'aventuriers en provenance d'Europe et des Etats-Unis et propulsa la population australienne à un million en 1860. La vie dans les mines d'or était sans merci. Les mineurs souffraient des mouches, de la chaleur, du manque d'eau et des impôts exorbitants. Des centaines de chercheurs débarquèrent en Australie venant de Chine où le New South Wales était connu sous le nom de «Nouvelle Montagne d'Or». Leur arrivée fit naître les premiers sentiments racistes qui ont survécu jusqu'au XXe siècle. Les critères d'immigration basée sur la race (White Australia Policy) sont une politique infâme qui fut appliquée de 1901 to 1972.

L'émergence d'une nation

Le continent australien a continué comme un ensemble de colonies distinctes jusqu'au 1er janvier 1901, dernière année du règne de la reine Victoria qui finalement permit aux colonies de s'unir et de for-

Les Bushrangers

Les bandits de grands chemins et autres délinquants se répandirent sur le territoire dans les années 1850. La ruée vers l'or fit monter les enjeux. Le plus célèbre est sans doute Ned Kelly. Voleur de volaille à l'origine, Kelly forma une bande qui se rendit célèbre par des cambriolages spectaculaires, notamment dans le Victoria. Son expédition la plus notoire en New South Wales date de 1879 lorsqu'il kidnappa la population entière de Jerilderie afin de pouvoir s'échapper après une attaque de banque. Un an plus tard, lorsque Kelly fut envoyé aux galères, des milliers d'Australiens pleurèrent sa figure de rebelle. Ses derniers mots furent: «C'est la vie».

Terre! Terre! L'histoire revisitée dans la galerie américaine du National Maritime Museum.

mer une nation, sous le nom de Commonwealth d'Australie. Ce nouveau pays reconnaissait le pouvoir de la reine comme chef d'Etat et l'autorité légale suprême était confiée au Conseil privé des souverains anglais à Londres. Même si ces derniers arrangements ont changé, le souverain anglais régnant demeure le chef d'Etat australien et son portrait orne toutes les pièces de monnaie. Le drapeau anglais domine le drapeau australien. Les quelques mouvements qui ont tenté de supprimer ces vestiges n'ont pas abouti.

L'Australie doit encore se constituer en république et même si l'évolution va dans ce sens, les Australiens se considéraient comme britanniques jusqu'à dernièrement. Lors de la Première Guerre mondiale, les troupes australiennes et néo-zélandaises formèrent l'Australian and New Zealand Army Corps (ANZAC) pour combattre l'Allemagne aux côtés des troupes anglaises. Le 25 avril 1915, les Anzacs débarquèrent à Gallipoli (aujourd'hui en Turquie) pour créer une diversion qui coûta la vie à 8 700 jeunes Australiens et fit 19 000 blessés. Plus de 60 000 soldats australiens furent tués lors de la Première Guerre mondiale qui fit en outre 152 000 blessés. Aucun pays ne subit de telles pertes. Ce carnage marqua profondément les Australiens et l'Anzac Day, le 15 avril, est un jour de commémoration nationale.

Le poumon d'acier

Entre les deux guerres, Sydney consacra son énergie à la construction du Harbour Bridge, qui fut surnommé le «Poumon d'Acier» car ce chantier donna du travail à des centaines d'ouvriers et permit aux familles de continuer à respirer (en termes financiers) durant la dépression.

Pendant la Deuxième Guerre mondiale, les avions de guerre japonais bombardaient régulièrement Darwin au nord de l'Australie. Les sous-marins ennemis s'infiltrèrent dans le port de Sydney où ils coulèrent un ferry (la torpille visait un navire de guerre américain), des bateaux furent coulés au large de la côte du New South Wales, et quelques bombes frappèrent la banlieue est de Sydney. Environ un Australien sur trois, faits prisonniers par les

Un melting-pot culturel

Au moins un quart de la population de Sydney est née en dehors de l'Australie. Selon une enquête faite en 1998, 1,4 million de personnes ou au moins un quart de la population du New South Wales, provenaient de deux cents pays différents. Cette étude révéla également que 17% de la population de l'Etat parlait un autre langue que l'anglais, le cantonais étant la langue qui se répandait le plus rapidement.

La plus grande source d'immigration au NSW demeure le Royaume-Uni (environ 20% des immigrants), suivi par la Nouvelle-Zélande (6,3%) et par l'Italie (4,8%). La plupart des nouveaux immigrés s'installent à Sydney.

Japonais, mourut en captivité. Les forces américaines, dirigées par le général Macarthur, arrivèrent en Australie en 1942 et avec l'aide des Australiens, eurent raison des Japonais lors de la bataille de la Mer de Corail au mois de mai de la même année.

Après la guerre, l'Angleterre s'aligna sur le reste de l'Europe et relâcha son emprise sur l'Empire. Tandis que le pouvoir de la Grande-Bretagne sur la région déclinait, les Australiens cherchèrent à se rapprocher des Américains. Les troupes australiennes (plus de 40 000 hommes) combattirent au Vietnam aux côtés des Etats-Unis, ce qui déclencha des manifestations virulentes contre la guerre à Sydney et dans d'autres villes australiennes.

Un pays cosmopolite

Sydney s'est finalement développée en une métropole internationale cosmopolite. Ce processus s'est étalé sur 30 ans et coïncide avec le développement de Sydney comme centre financier de l'Australie, une position qu'occupait Melbourne autrefois. Cela ne s'est pas fait sans mal. Sydney a perdu sa réputation égalitaire. Les disparités entre les riches et les pauvres se sont aggravées et les parvenus de la ville aiment exposer leur richesse.

L'immigration en provenance d'Italie, de Grèce, de l'ex-Yougoslavie et d'ailleurs a élargi les horizons culturels et varié les cuisines. Les entreprises culturelles se développent, notamment le théâtre, la danse et la musique. Sydney deviendra sans doute la première grande ville eurasienne. Entre 1986 et 1991, le nombre de résidents de Sydney de descendance anglaise est tombé à 5%, tandis que le nombre de Chinois, de Coréens, de Philippins, de Japonais a plus que doublé. Les flux d'immigration varient, mais les démographes s'accordent à dire qu'au cours de la prochaine décennie, un habitant sur cinq sera d'origine asiatique. De nombreux Vietnamiens sont arrivés après la Guerre du Vietnam, suivis par des immigrés en provenance de Thaïlande, du Cambodge, des Philippines et de Hong Kong.

Repères historiques

circa 60 000 av. J.-C.	Les Aborigènes arrivent en Australie en provenance de l'Asie du Sud.
1606 ap. J.-C.	Le navigateur hollandais, Willem Jansz, débarque à Cape York.
1688	Le pirate anglais, William Dampier, visite la côte ouest de l'Australie.
1770	James Cook réclame le New South Wales pour l'Angleterre.
1788	Arrivée de la Première Flotte anglaise de soldats et de bagnards.
1808	Le Gouverneur William Bligh est renversé par la Révolte du Rhum.
1809	Nomination du gouverneur, Lachlan Macquarie.
1849	Fin de la déportation en New South Wales.
1851	Découverte d'or près de Bathurst.
1876	Mort des derniers Aborigènes de Tasmanie, après des années de conflits avec les colons.
1901	Proclamation du Commonwealth d'Australie. Mise en place de la «White Australia Policy».
1915	Débarquement désastreux de soldats de l'ANZAC à Gallipoli.
1932	Ouverture du Pont de Sydney (Harbour Bridge).
1942	Bombardement de Darwin par les Japonais, qui perdent ensuite la bataille de la Mer de Corail.
1946	Mise en place du programme australien d'immigration: peupler ou périr.
1956	Jeux Olympiques à Melbourne.
1962	les Aborigènes reçoivent le droit de vote.
1965	L'Australie s'engage dans la Guerre du Vietnam.
1973	Ouverture de l'Opéra de Sydney.
1975	Le Gouverneur général (représentant de la reine) démet le Premier ministre australien élu.
1986	L'Australie se sépare constitutionnellement du Royaume-Uni.
1995	Ouverture du premier casino légal de Sydney.
2000	Jeux Olympiques et Paralympiques de Sydney.
2001	Centenaire de la Fédération.

QUE VOIR

L a plupart des hauts lieux de Sydney sont proches les uns des autres. Le port est le cœur de la ville qui est traversée par le grand pont et ornée par les voiles en forme de coquillage de l'Opéra. Une vue sur le port fait monter sérieusement le prix de l'immobilier à Sydney, même s'il faut se tordre le cou pour apercevoir un coin d'eau. Les habitants de Sydney se pressent vers le port pour célébrer tous les événements importants. C'est là qu'ils se rendirent pour accueillir la reine Elizabeth II d'Angleterre lors de sa visite en Australie en 1954. Ils y retournèrent en masse en janvier 1988 pour célébrer le bicentenaire de l'arrivée de la Première Flotte, qui marque la création de l'Australie moderne.

Les célébrations du nouvel an, qui sont quelquefois tumultueuses, se déroulent chaque année dans le quartier historique des Rocks, près du Sydney Harbour Bridge (le pont de Sydney). Le début du nouveau millénaire et les Jeux Olympiques de Sydney la même année serviront vraisemblablement de prétexte aux plus belles réjouissances. Chaque Boxing Day (le jour après Noël, le 26 décembre, férié en Angleterre), des milliers de gens se regroupent le long du port pour voir le départ de l'âpre régate qui relie Sydney à Hobart et qui, en 1999, a fait six morts.

Pour voir le port sous son plus beau jour, cela vaut la peine de prendre un hélicoptère ou au moins l'ascenseur jusqu'au sommet de la Sydney Tower, la tour la plus haute de Sydney. De là, vous pourrez voir le port dont les doigts pénètrent l'ouest de la ville. La Sydney Tower est actuellement ornementée de figurines athlétiques et d'une grande publicité pour les Jeux Olympiques. Avec un peu de chance, tout cela disparaîtra après les Jeux.

SYDNEY HARBOUR

Le meilleur moyen d'apprécier le port est d'y voguer. Fort heureusement, les ferries qui partent de Circular Quay (appelé

De Sydney Cove à Circular Quay: la magnifique silhouette de Sydney se détache sur le bleu du ciel et de la mer.

Sydney Cove au temps des colonies de bagnards) ne manquent pas et permettent de voir l'un des sites les plus attrayants de la ville pour pas cher. Outre leur fonction vitale de transport en commun, les ferries et les JetCats (catamarans ultra rapides) sont très pratiques pour les touristes. Quelque 150 compagnies proposent des tours du port, opérant environ 300 bateaux. De nombreux tours opérateurs, anticipant un boom touristique en provenance d'Asie, ont fait de gros investissements et offrent de somptueuses embarcations à un prix raisonnable.

A terre, **Circular Quay** est fréquenté par les musiciens ambulants, quelques peintres et des «statues vivantes», qui ont l'air d'être en bronze ou en aluminium jusqu'à ce qu'elles s'animent. La gare de Circular Quay établit des liaisons rapides avec Kings Cross et d'autres sites du centre-ville, ainsi qu'avec les faubourgs. The Quay (comme on l'appelle souvent) est également une grande gare routière et un bon lieu pour attraper un taxi.

Lorsque vous approchez de Circular Quay en venant de la mer, vous faites face au Cahill Expressway, une autoroute monolithique qui gâche la vue. Des propositions sont faites périodiquement pour transformer cette autoroute en souterrain, mais aucun gouvernement n'a encore osé confronté les contribuables sur cette question en raison du coût énorme de l'opération.

Les Rocks

Les Rocks, un quartier un peu à l'ouest de Circular Quay, est assez touristique et truffé de magasins de souvenirs, mais néanmoins étrange et fascinant. C'est là que la Première Flotte a terminé son voyage et que Sydney est née. En 1788, on y trouvait les pires taudis du XIXe siècle et une terrifiante bande de coupe-gorge connue sous le nom de Rocks Push. Les habitations d'origine furent pour la plupart rasées en 1900, lorsque le quartier fut frappé par la peste bubonique faisant une centaine de morts. Les bâtiments historiques ont dans l'ensemble survécu, bien qu'ils aient été gravement menacés par les promoteurs des années 1960 qui voulaient tout raser pour construire des grandes tours.

Traverser le pont

Avant la construction du Sydney Harbour Bridge, la côte nord de la ville n'était accessible que par les ferries qui tournaient au maximum de leur capacité. Le coût de la construction du pont a été amorti depuis longtemps, mais le péage est toujours en place. Lorsque vous traversez le pont en taxi, $2 sont ajoutés à votre course pour le péage. Pour une agréable excursion de courte durée, prenez le train à Circular Quay pour Milsons Point sur la côte nord. Ce voyage dure cinq minutes et vous offre une magnifique traversée du pont. Une fois à Milsons Point, vous pouvez retraverser le pont à pied, en utilisant le passage pour piétons à l'est. Les vues sont sensationnelles dans les deux sens.

Une campagne pour «sauver les Rocks», soutenue par les syndicats eut gain de cause de justesse.

Cela vaut la peine de vous arrêter au **Rocks Visitors Centre**, (106 George Street), avant de commencer votre exploration. Des dessins et des brochures gratuites résument l'histoire du quartier. Le **Cadman's Cottage** (110 George Street) est la plus vieille maison de Sydney. Ce simple cottage en pierres fut construit en 1816 et servit longtemps de logement à l'équipage du gouverneur. John Cadman, un bagnard gracié, en était le premier barreur. Un ancien poste de police (127 George Street) porte une décoration qui symbolise à merveille l'époque coloniale, un lion coiffé de la couronne impériale et tenant une matraque de police entre ses mâchoires.

A quelques pas du Visitors Centre, le **Museum of Contemporary Art** a rendu vie à un immeuble Art déco qui servait autrefois au Maritime Services Board. Peu d'autres musées d'art moderne au monde bénéficient d'une si belle vue! Les expositions changent fréquemment et le café sur la terrasse qui fait face à Circular Quay et au port est excellent.

«Nous avons eu les bagnards...»

Au cours de son histoire, l'Australie blanche considérait l'histoire des bagnards comme un motif de honte qu'elle cherchait plutôt à cacher. Cet héritage était vu comme une tache sur le caractère national. Mais, au cours des trente dernières années, cette tendance s'est inversée. Les habitants de Sydney ont commencé à regarder avec fierté leur histoire de durs à cuire. Cette nouvelle fierté a trouvé son expression en 1998 dans un courrier de lecteur au *Sydney Morning Herald*, commentant l'attitude du Congrès américain lors de la procédure de destitution contre Bill Clinton. Le correspondant a conclu en s'exclamant: «Dieu merci, nous avons eu les bagnards et les Américains les puritains.»

Un musée panoramique: le Museum of Contemporary Art redonne vie à un vieil immeuble Art déco.

En marchant au nord de Cadman's Cottage en remontant Argyle Street, vous arriverez à **Argyle Cut**, une route creusée à coups de pioches dans des falaises de grès par les forçats. Ils commencèrent en 1843 et terminèrent 18 ans plus tard. En haut de l'Argyle Cut, Cumberland Street permet un accès au Sydney Harbour Bridge par les Cumberland Steps (l'escalier de Cumberland).

Un peu plus loin, sur Argyle Place, vous découvrirez une rangée de belles maisons avec terrasses, sorties tout droit de l'Angleterre du roi George, ainsi que trois grands vieux pubs. L'étrange **Hero of Waterloo** (81 Lower Fort Street) est construit sur un labyrinthe de caves souterraines où l'on attirait les clients qui avaient trop bu afin de les vendre comme matelots à des capitaines sans scrupules. Cette pratique n'a plus cours mais les caves demeurent. L'ambiance du **Lord Nelson**, dans un immeuble carré en grès à l'angle de Kent et d'Argyle Street, construit en 1840, rappelle l'époque de la marine anglaise. Il brasse ses propres bières et certaines sont assez fortes. L'Old Admiral ale a une teneur en alcool de 6,7 %. Le **Palisade Hotel** (35 Bettington Street), de construction un peu plus récente, a néanmoins conservé une agréable atmosphère coloniale, à laquelle s'ajoutent une vue imprenable sur le port et un bon restaurant.

Les amateurs d'histoire qui ne goûte pas la bière, apprécieront **Garrison Church** (l'église de la garnison), dont le nom officiel est la Holy Trinity Anglican Church. Elle date du début des années 1840 et, comme son surnom l'indique, c'était l'église des membres de la garnison en charge de la colonie de bagnards. On y célèbre aujourd'hui les mariages à la mode.

En redescendant vers le début de George Street, près du Mercantile Hotel d'influence irlandaise, le **Rocks Market** est un marché qui se tient tous les samedis et dimanches sous une tente de 150 m de long. Des musiciens et comédiens de rue animent la place alors que vous déambulez parmi les stands d'artisanat, de vêtement en cuir, de souvenirs, de jouets et de cadeaux. Un peu

Le Sydney Harbour Bridge, un défi technologique du passé qui demeure un monument chéri par les habitants de la ville.

plus haut en direction du pont, l'escalier des officiers des douanes (Customs Officers Stairs) vous mèneront vers de charmants restaurants sur le port, installés dans les anciens entrepôts des douanes en face de Campbells Cove.

Sydney Harbour Bridge

Avec son entrée marquée par deux pylônes de pierres (de simples ornements) et son arche colossal en aluminium, le Sydney Harbour Bridge enjambe triomphalement le port. Le pont est la vedette télévisée des célébrations du Nouvel An, lorsqu'il sert de plate-forme au lancement des feux d'artifice. Quelque 1600 fusées sont lancées depuis l'arche, dans un tir contrôlé par ordinateur, alors que d'autres feux d'artifice, tirés depuis la route, descendent sur le port en une cascade semblable aux chutes du Niagara. La nouvelle année commence plus tôt à Sydney que dans la plupart des villes du monde et ses festivités lancent la ronde des festivités retransmises sur les télévisions internationales.

Avant l'ouverture, en 1973, de l'Opéra de Sydney, le pont était le symbole international de la ville. Terminé en 1932, le pont devait être ouvert par le «Premier» du New South Wales, mais, alors que cet homme respectable s'approchait du ruban officiel avec sa paire de ciseaux dorés, un cavalier irlandais traversa la foule au galop et trancha le ruban d'un coup de sabre. Le protestataire déclara le pont ouvert au nom de tous les «honnêtes citoyens du New South Wales». C'était une curieuse inauguration pour cet emblème de Sydney conçu pour être le plus grand pont d'un seul tenant du monde. Mais il fut, là aussi, battu par le Bayonne Bridge de New York qui ouvrit 4 mois plus tôt et mesurait 63 cm de plus.

La construction du Sydney Harbour Bridge constitue l'un des exploits technologiques de l'époque. Pendant neuf ans, quelque 1400 ouvriers s'éreintèrent sur cette structure de 503 m et seize d'entre eux y trouvèrent la mort. Il faut dix ans pour le repeindre et 30 000 litres de peinture. A peine terminé, il faut déjà recommencer. Paul Hogan de *Crocodile Dundee* s'employa des années à cette tâche monotone avant de découvrir qu'il y a avait plus d'argent et de satisfaction à gagner dans le show business.

Surnommé le *Coathanger* (portemanteau), le pont est équipé d'une piste cyclable (à l'ouest), ainsi que d'une voie piétonne, de routes et d'une voie ferrée. Pour une somme modique, vous pouvez grimper les 200 marches à l'intérieur du pylône sud-est et apprécier la vue panoramique. Vous y trouverez également un petit musée. Pour atteindre l'escalier, prenez Cumberland Street dans les Rocks.

Le pont joue un rôle moins important maintenant qu'un tunnel permet aux voitures de passer sous le port. La traversée par le tunnel est plus rapide mais bien plus ennuyeuse. Des visites guidées permettent de monter tout en haut de l'arche (voir p. 87).

☞ L'Opéra de Sydney

Tenez-vous sur le côté ouest de Circular Quay et regardez vers l'est, vous ferez face à l'un des plus beaux bâtiments de Sydney, malheureusement flanqué du plus controversé.

Le premier bien sûr, c'est l'Opéra orné de ses merveilleuses voiles gonflées. Le second, infiniment moins inspirant, est une

---

Une bière de connaisseurs

Au-dessus de l'Argyle Cut, sur Cumberland Street, l'Australian Hotel mérite une visite. Ce pub sympathique dans la vraie tradition Aussie propose des bières en provenance de toutes les régions du pays, dont certaines sont très prisées des amateurs. L'Australian est l'un des deux seuls pubs de Sydney à servir des bières non filtrées brassées par le maître brasseur, Geoff Scharer. Parmi celles-ci, on citera Picton Lager (5 % d'alcool) et la célèbre bière de style bavarois, la Burragorang Bock (6,4 %), tenue par les experts et les journalistes chevronnés pour la meilleure bière australienne.

Sydney est fière de son célèbre Opéra, financé grâce aux fonds collectés par la loterie.

tour d'appartements. Surnommée avec mépris le *Toaster* par les habitants et critiquée par les experts du monde entier, le Toaster empiète sur l'espace de l'Opéra et lui enlève de sa splendeur.

Les mouvements pour raser le Toaster se développent rapidement. Le «Premier» du NSW, le maire de Sydney et le Premier ministre australien ont tous nié leur implication dans la construction de ce médiocre intrus, affirmant ainsi qu'ils ne l'approuvaient pas. Le vieil activiste, Jack Mundey, qui, dans les années 1970, a permis d'éviter en grande partie la démolition du quartier des Rocks, préside le comité pour la sauvegarde de l'est du Circular Quay, qui se bat pour que le Toaster soit rasé.

Mais, même le Toaster n'a pas réussi à gâcher l'**Opéra de Sydney**. Orné d'un million de tuiles blanches, cet édifice extraordinaire réussit à faire l'impossible et à embellir un port par lui-même magnifique. S'il est difficile d'imaginer le port sans l'Opéra, il faut savoir qu'il faillit ne pas être construit. Ce projet, l'un des 233 soumis lors du concours lancé pour aménager ce site occupé par des squatters et des rames de tramways désaffectées, a manqué de passer à la trappe.

Au départ, plusieurs soumissions banales furent retenues (l'une d'elle proposait un immeuble en forme de boîtes à chaussures géantes) tandis que ce projet de l'architecte danois, Jørn Utzon, le vainqueur, fut d'abord rejeté. La chance voulut que les plans d'Utzon soient repérés, sur une pile de projets refusés, par l'architecte américain, Eero Saarinen, membre du jury. Saarinen, comprenant le potentiel du projet, le porta à l'attention de ses collègues moins sensibles.

Utzon emménagea à Sydney pour superviser la construction, mais les tracasseries administratives incessantes et les dépassements de budget le forcèrent à repartir. Il rentra déçu au Danemark en 1966 après avoir démissionné. Les plans intérieurs furent alors confiés à une équipe d'architectes australiens. Utzon n'est jamais retourné en Australie une fois l'ouvrage terminé. Dans un geste de réconciliation, il fut officiellement invité en 1998 pour superviser une rénovation partielle, mais il refusa.

Le budget initial de l'Opéra était de 7 millions de dollars australiens, il coûta treize fois plus. Dans le plus pur style de Sydney, le trou budgétaire fut comblé par la loterie. Indépendamment du coût, le projet terminé fut loué pour sa classe, son bon goût et sa grâce. L'élégance est poussée jusqu'au sommet de son plus haut toit en forme de coquillage qui s'élève à 67 m au-dessus de la fosse d'orchestre, située plusieurs mètres au-dessous du niveau de la mer.

L'appellation d'Opéra est en elle-même erronée. L'opéra proprement dit est plutôt petit (1547 places) et même si son intimité bénéficie à certaines productions, il n'est pas complètement satisfaisant. La salle de concert (2697 places) est la plus grande des cinq salles. L'Opéra abrite également deux restaurants: Ben-

Au Royal Botanic Gardens, vous serez invité à respirer le
parfum des roses ou à vous prélasser sur la pelouse.

nelong et le Harbour Restaurant. Une visite guidée de l'ensemble vaut la peine. Elles partent toutes les 30 min entre 9h15 et 16h tous les jours sauf le jour de Noël et le Vendredi saint.

Royal Botanic Gardens

Près de l'Opéra, les sompteux **Royal Botanic Gardens** (jardins botaniques, aménagés en 1816) rassemblent les plus belles variétés de la flore du Pacifique, de belles pelouses et un joli restaurant niché dans la verdure, ainsi que plusieurs aires de pique-nique. Cette pancarte à l'entrée des jardins mérite d'être citée: «nous vous invitons à marcher sur la pelouse, à sentir les roses, étreindre les arbres, parler aux oiseaux. Vous pouvez également profiter des bancs et des aires de pique-nique. C'est votre jardin et contrairement à la plupart des jardins botaniques étrangers, l'entrée aux Royal Botanic Gardens est gratuite.» (Une boîte est prévue pour les donations, si vous vous sentez d'humeur généreuse.)

Au cœur des jardins, **Mrs Macquarie's Chair** (chaise de Mme Macquarie), creusée dans une roche de grès (1816) pour la femme du gouverneur préféré de Sydney, offre un point de vue sublime sur le port. Vous la trouverez près de Mrs. Macquarie's Road sur Mrs. Macquarie's Point. La vue depuis Mrs. Macquarie's Chair, qui s'étend de l'ouest de Farm Cove à l'Opéra, est l'une des plus photographiées au monde. Ici la nature et l'architecture se complètent merveilleusement et en toile de fond, les jardins botaniques rehaussent la splendeur de l'Opéra. Malheureusement, à l'ouest de Circular bay, cette carte postale idyllique est gâchée par le Toaster.

Le **Domain** s'étend non loin des jardins botaniques dont il est séparé par le Cahill Expressway. Lieu de prédilection des prêcheurs amateurs le dimanche (qui évoquent le Speakers' Corner dans le Hyde Park de Londres), le Domain abrite également l'**Art Gallery of New South Wales**. Le bâtiment initial, datant de 1897, de facture austère, s'orne de statuettes de bronze; les extensions modernes, baignées de lumière, furent ajoutées en

Une procession de chauves-souris

Les bandes de chauves-souris qui traversent le ciel de Sydney sont appelées renards volants à tête grise. Elles peuvent peser jusqu'à un kilo et sont connues des scientifiques sous le nom de *Pteropus poliocephalus*. Les chauves-souris survolent la ville au crépuscule pour se nourrir de figues et d'autres fruits tendres. Regardez-les passer, se détachant sur le ciel de Sydney, embrasé par un coucher de soleil mauve orangé. Les chauves-souris, avec leur tête poilue de renard gris, fréquentent les jardins botaniques et le Centennial Park, mais leur lieu de prédilection est Gordon, une banlieue boisée sur la côte nord de Sydney.

1988 et permettent de balayer tout l'est de Sydney du regard, ainsi qu'une partie du port et le faubourg de Woolloomooloo. En un après-midi à l'Art Gallery, vous en apprendrez plus sur l'art australien traditionnel et moderne qu'en suivant un cours accéléré sur le sujet. La galerie Yiribana est consacrée à l'art aborigène et à l'art des îles du détroit de Torres. Les sections asiatique et du pacifique sud sont également impressionnantes. Il est possible de suivre une visite guidée et si vous avez besoin d'une pause vous trouverez un accueillant café restaurant.

DOWNTOWN SYDNEY

Le centre-ville de Sydney, communément appelé **CBD** (pour Central Business District), comprend un grand magasin datant du XIXe siècle, magnifiquement restauré, plusieurs édifices géorgiens en grès et quelques constructions victoriennes, ainsi que de nombreuses tours. Certains gratte-ciel sont assez élégants, mais la plupart ont été construits sur le style de l'école d'architecture qu'on appelle «international egg-crate» des années 1960 et 1970.

S'élevant à 305 m, la **Sydney Tower** à Centrepoint est le point culminant de la ville. Du haut de ce sommet (1970), vous avez une vue superbe (360°) sur Sydney et ses environs. Par temps dégagé, vous apercevrez Terrigal Beach, à 100 km au nord et les Blue Mountains tout à l'ouest. Comparée aux gratte-ciel mondiaux, la Sydney Tower est à peine plus haute que la Munich Tower et un peu moins que la Tour Eiffel. Contrairement aux deux tours précitées, elle ne sert pas de support aux antennes de communications. Elle abrite un restaurant panoramique et un observatoire.

La plus grande place de la ville, **Martin Place**, est bordée par l'imposante poste centrale (General Post Office, GPO) de style victorien Renaissance. Ce bureau de poste n'est plus en service et le bâtiment a été récemment converti en un hôtel cinq étoiles, le Westin Hotel. Pendant la Deuxième Guerre mondiale, l'horloge de la GPO a été démantelée de peur qu'elle ne serve de

La reine Victoria dans son propre bâtiment: un chef d'oeuvre du siècle dernier transformé en splendide centre commercial.

point de mire aux bombardiers japonais; elle fut restaurée vingt ans plus tard.

De la même période que la GPO, mais plus imposant encore, le **Queen Victoria Building** (QVB) occupe tout un pâté de maisons de George Street (la rue principale de Sydney et la plus vieille rue d'Australie), juste en face de la mairie de Sydney (Town Hall). Le QVB de style byzantin, couronné d'un statuaire et de 21 coupoles, fut à l'origine un marché municipal et un centre de commerce, qui comprenait un hôtel et une salle de concert. Construit en 1898 pour le jubilée d'or de la reine Victoria, cet édifice splendide devint par la suite un immeuble de bureaux et une bibliothèque. Dans les année 1960, des fonctionnaires un peu bornés eurent l'idée de le raser pour en faire un parking de voitures. Heureusement les autorités, à court d'argent, reportèrent la démolition et l'immeuble fut épargné. Il fut élégamment restauré dans les années 1980 et transformé en un centre commercial couvert qui abrite quelque 200 boutiques chic, des cafés et des restaurants, où il fait bon se promener au rythme d'une autre époque. Pierre Cardin a déclaré que c'était «le plus beau centre commercial du monde».

Il est édifiant de comparer le QVB avec l'hôtel Hilton qui se trouve en face sur George Street. L'immeuble du Hilton, un monolithe de béton sans charme, date des années 1970, époque à laquelle la menace de démolition planait sur le QVB. La seule chose qui sauve le Hilton est le **Marble Bar** au sous-sol, un chef-d'œuvre des Beaux-Arts, bien plus ancien que l'immeuble lui-même. Le Marble Bar, un trésor de peintures victoriennes, de vitraux, de marbre et de miroirs, fut préservé lors de la construction du Hilton.

Le Sydney de Macquarie

Le seul boulevard du CBD, **Macquarie Street**, planifié par le gouverneur Macquarie, va de l'est du Circular Quay près de

Paddy's Market

Le clou de Chinatown, la ville chinoise au sud-est du CBD, est sans aucun doute Paddy's Market, un marché vieux de 150 ans, qui se tient désormais dans un édifice construit à cet effet. Paddy's est le paradis des amateurs de bonnes affaires du week-end. Plus de 1000 stands vendent de tout: poissons, mangues, herbes chinoises, sacs d'oignons, T-shirts, hot-dogs, montres, chaussures, bijoux et souvenirs. Le marché est ouvert de 9h à 16h30, les vendredi, samedi et dimanche. Chinatown regorge de petits restaurants pas chers. En outre, dans les grands supermarchés asiatiques, de nombreux restaurants différents partagent les mêmes tables, couverts et baguettes. Vous pouvez aller chercher un repas thaïlandais, cambodgien, chinois, japonais ou malais à l'une des guérites voisines. Elles sont très bon marché.

l'Opéra jusqu'à Hyde Park. Cette rue, relativement courte et bordée d'immeubles historiques, se parcourt facilement à pied.

En partant de l'extrémité nord, Macquarie Street passe devant la **Government House**, ouverte du vendredi au dimanche. Cet extraordinaire château crénelé d'inspiration gothique fut dessiné en 1834 par Edward Blore, l'architecte du roi William IV. En continuant Macquarie Street vers le sud, vous arriverez au Ritz-Carlton Hotel sur la droite (initialement un centre de traitement des maladies sexuellement transmissibles) et au BMA House, un splendide édifice Art déco.

Un peu plus loin, sur la gauche, se dresse la **State Library du New South Wales**, qui jouxte le Domain. La Bibliothèque du New South Wales constitue un ensemble harmonieux de deux immeubles, l'un ancien et l'autre moderne, reliés par une passerelle. Les colonnes classiques mènent au portail principal de l'aile Mitchell de style néo-grec, qui fut construite au début du XXe siècle, tandis que les additions en verre et béton de 1988 le mettent en valeur. L'immeuble voisin, la **State Parliament House**, est un élégant immeuble à colonnades qui abrite les débats politiques animés (et pas toujours sobres) depuis 1827. Il est ouvert aux visiteurs et l'entrée est gratuite.

Sydney Hospital a supplanté le célèbre Hôpital du Rhum des débuts, qui fut ainsi nommé grâce aux trois permissions accordées par le Gouverneur Macquarie d'importer 45 000 gallons de rhum (pour le commerce) à condition qu'une partie des bénéfices serve à construire un hôpital. A l'extérieur de l'hôpital, vous verrez une statue de bronze d'**Il Porcellino**, un sanglier sauvage, une réplique de la statue du XVIIe siècle qui se trouve à Florence. C'est un cadeau d'un immigré italien dont la famille avait travaillé à l'hôpital. On raconte que lui toucher la truffe porte chance. Dans les jardins de l'hôpital, la curieuse fontaine jaune et verte, décorée de flamands roses et de cygnes aux couleurs vives, a sûrement pour fonction de remonter le moral des malades.

*Les anciens et les modernes; les gratte-ciel encadrent
l'historique Central Business District de Sydney.*

L'hôtel de la monnaie (Mint) adjacent, constituait à l'origine
l'aile sud du Rum Hospital. Il fut transformé en une fonderie
d'or à l'époque de la ruée jusqu'au milieu du XIXe siècle. A l'o-
rigine, il servit à produire des *holey dollars* à partir de pièces es-
pagnoles recyclées pour compenser la pénurie de liquidités. La
nouvelle colonie utilisait à la fois la couronne et le centre: le
centre comme pièces de 15 pence et la couronne comme pièces
de 5 shillings, valant quatre fois plus.

Directement en face, un immeuble marron d'allure gar-
gantuesque abrite les **State and Commonwealth Law Courts**.
Cette contribution moderne à Macquarie Street, disproportion-
née par rapport aux autres bâtiments de la rue, est ornée des
Armes de l'Australie, un émeu et un kangourou qui essaient tous

deux d'avoir l'air féroce. L'avant-cour offre un spectacle animé lors de l'arrivée des avocats en robes et en perruques.

Hyde Park Barracks (quartier de détention), à côté de l'hôtel de la monnaie, fut construit à la demande du gouverneur Macquarie pour recevoir 600 bagnards. Le bâtiment fut dessiné par Francis Greenway, faussaire gracié et architecte de talent. Terminé en 1819 et orné d'une jolie horloge coloniale, c'est peut-être le plus bel immeuble géorgien de Sydney. A différentes époques, ce quartier disciplinaire hébergea des femmes sans défense et des orphelins irlandais. Le dortoir de bagnards avec des hamacs a été reconstitué au troisième étage et vous pouvez y passer la nuit, mais la liste d'attente est longue. Les bagnards étaient moins enthousiastes à l'idée d'y séjourner!

Une base de données informatiques au troisième étage de Hyde Park Barracks permet au public d'accéder au fichier de chaque prisonnier qui transita par cette institution. Des fiches

L'intérieur de l'imposante cathédrale St Mary, qui se dresse sur le site de la première église catholique de la colonie.

plus détaillées, concernant quasiment toutes les personnes déportées en Australie, sont accessibles à la State Library of NSW, la bibliothèque nationale, un peu plus bas sur Macquarie Street.

Hyde Park, à l'extrémité de Macquarie Street, est bien plus petit que son homonyme londonien, mais offre néanmoins une halte agréable. Le terrain fut défriché au début du XIXᵉ siècle pour tracer un champ de courses qui fut son premier attrait. Hyde Park accueillit ensuite les matches de boxe et le premier terrain de cricket de la colonie. Les deux édifices les plus importants de ces 16 ha de jardins sont l'**Anzac War Memorial**, à la mémoire des soldats australiens, et l'**Archibald Fountain**, une fontaine aux statues extravagantes sur des thèmes mythiques, ornée d'un joli jet d'eau.

Les amateurs de vieilles églises en découvriront trois autour de Hyde Park. Au nord, sur Queen's Square, **St James's Church**, une église du début de l'époque coloniale fut à l'origine un tribunal dessiné par Francis Greenway. Lors de son changement d'affectation, les cellules furent transformées en crypte. A l'est, de l'autre côté de College Street, **St Mary's Cathedral** se dresse sur le site de la première église catholique de la colonie et, de la même époque, la magnifique **Grande Synagogue** s'élève en face du parc, de l'autre côté d'Elizabeth Street.

L'**Australian Museum**, sur College Street en face de Hyde Park, fut fondé en 1827, très rapidement après la colonisation, afin que les scientifiques puissent exposer la faune et la flore uniques d'Australie. Le bâtiment se distingue architecturalement par ses colonnes corinthiennes massives et le musée est encore un bon musée d'histoire naturelle. Vous pourrez en apprendre beaucoup sur les insectes et les oiseaux australiens et voir quelques dinosaures locaux.

DARLING HARBOUR

Darling Harbour, un grand centre touristique de loisirs, construit par décret en 1988 juste à temps pour les célébrations du Bicen-

tenaire, s'organise autour d'un parc, d'un petit centre commercial bien aéré, d'un palais d'expositions et de congrès, de restaurants et de musées.

Le quartier de Darling Harbour était une zone de docks à l'a-
bandon et sa réhabilitation fut le plus vaste programme de rénovation urbaine de toute l'Australie. En dépit de sa proximité du
centre de Sydney, Darling Harbour n'a jamais vraiment fait partie intégrante de la ville. Le quartier s'étend le long du CBD
comme une île. La liaison entre le CBD et Darling Harbour est
assurée notamment par le **Monorail**, dont la voie surélevée court
sur 3,5 km et relie huit stations. Surnommé le *Monsterail* (monstre sur rails) pendant sa construction, ce moyen de transport est
controversé depuis le début; ses détracteurs estiment que ses rails
et ses piliers dénaturent le paysage. La vue du haut du Monorail
est de loin préférable à la vue sur le Monorail, dont les rames
sont devenues encore plus kitsch depuis qu'elles sont couvertes
de publicités. Si le Monorail est un échec comme transport public, c'est un véhicule amusant pour voir le paysage.

Des blattes monstrueuses

Les plus grandes blattes du monde vivent au deuxième
étage du Musée australien, à l'est de Hyde Park. La blatte
fouilleuse géante ou blatte rhinocéros *(Macropanesthia rhi-
noceros)* est originaire d'Australie. Elle vit dans les forêts et
se nourrit de feuilles mortes d'eucalyptus, elle peut mesurer
jusqu'à 10 cm de long et peser jusqu'à 50 g (à peu près le
poids d'une pile AA). Les espèces qui vivent dans les jun-
gles d'Amérique centrale ou du Sud sont parfois plus
longues mais jamais aussi lourdes. Les spécimens de l'Australian Museum vivent dans de confortables aquariums de
verre dans la section consacrée aux enfants (et sans insecti-
cide). Ces blattes géantes sont inoffensives, sans ailes et
très robustes. Dans les écoles du North Queensland (leur
région d'origine), ce sont des animaux domestiques.

Darling Harbour et le Monorail; les docks dévastés d'autre-
fois sont devenus un bel ensemble touristique de loisirs.

Pour atteindre Darling Harbour depuis la ville, vous pouvez aussi bien traverser à pied le Pyrmont Bridge, qui part de l'extrémité de Market Street. C'est un pont en bois, le premier pont à ouverture électrique du monde qui avait bien plus d'allure avant que le Monorail ne l'emprunte.

Sur l'ouest de Darling Harbour, Harbourside Shopping Centre abrite plus de 200 boutiques et entreprises de restaurations en tous genres. Les boutiques vendent des pierres précieuses, des vêtements, des souvenirs, des cadeaux, de l'artisanat aborigène et bien d'autres choses encore. Pour vous restaurer, vous avez le choix entre des snacks sympathiques et un repas luxueux de fruits de mer chez Jordons.

Sur la diagonale opposée, à l'est de Darling Harbour, vous trouverez le **Cockle Bay Wharf**, un complexe plus huppé qui a ouvert en novembre 1998. Cockle Bay abrite des restaurants cinq étoiles, de petits cafés, et un nouveau pub, le Pontoon. Parmi les restau-

Arme fatale: le bateau le plus rapide du monde est exposé au National Maritime Museum.

rants, on peut citer Ampersand (le dernier restaurant du chef australien Tony Bilson, voir p. 140), Nick's Seafood et Coast (les deux sont des restaurants de fruits de mer), Tiara (le premier restaurant de la grande chaîne japonaise à ouvrir en dehors du Japon).

A côté du Harbourside Shopping Centre, l'**Australian National Maritime Museum** attire plus de 120 000 visiteurs internationaux par an. Le musée maritime, qui se dresse dans un haut immeuble blanc couronné d'un toit en forme de vague, expose plus de 2000 objets marins dans ses expositions permanentes et temporaires. Une flotte de 12 vaisseaux historiques est amarrée aux pontons.

Le **Panasonic Imax Theatre**, à Darling Harbour, détient sans doute le plus grand écran de cinéma du monde; il est dix fois plus grand que les écrans traditionnels. Le rez-de-chaussée est occupé par un magasin qui propose une sélection de cadeaux typiquement australiens et par le **Wockpool**, un restaurant et bar à nouilles chinoises de 250 places d'où l'on peut admirer Darling Harbour et la silhouette de Sydney se détachant sur le ciel. Un peu plus loin, le **Sega World Sydney** est un parc à thème, qui propose neuf circuits différents, quelque 200 jeux audio et vidéo, des spectacles et une aire animée de restauration rapide.

Le palais des expositions de Darling Harbour a été conçu sur le même principe qu'un pont suspendu, avec des câbles tendus sur des mâts qui soutiennent le toit. A l'extérieur, **Tumbalong Park** est constitué d'espaces verts, de fontaines originales, de défis géométriques, de balançoires, de toboggans et de labyrinthes; c'est l'avant-garde des terrains de jeux pour enfants.

A l'extrémité ouest de Darling Harbour, vous arriverez au **Sydney Entertainment Centre**. Ce bâtiment circulaire, conçu pour les matches de sports, les concerts et autres festivités publiques, peut accueillir 12 500 spectateurs. A côté, la **Pumphouse** servait autrefois à fournir la pression hydraulique nécessaire pour actionner les ascenseurs et les lourdes portes des banques. Récemment restaurée, c'est devenu une taverne pour touristes assoiffés.

Le **jardin chinois** de Darling Harbour, dont le nom officiel est *Garden of Friendship*, est le résultat d'un effort conjoint des gouvernement du New South Wales et de la province chinoise de Guangdong. Ce jardin d'un hectare est un lieu propice à la contemplation; on y flâne parmi les abricotiers, les azalées, le jasmin et les saules pleureurs.

Art et culture aborigènes

Le **National Aboriginal Cultural Centre** (NACC) ouvrit les portes de son nouveau centre de Darling Harbour en 1998, à quelques pas du Sega World Sydney et du jardin chinois. Le centre attire autant les visiteurs étrangers que les Australiens car il permet de comprendre l'art et la vie aborigènes.

La présentation du NACC de la culture et de l'artisanat aborigènes et des îles du détroit de Torres emprunte aux quelque 200 communautés aborigènes réparties sur tout le territoire australien. Le centre comprend un théâtre de 180 places où sont présentés des spectacle de danse, une galerie des Beaux-Arts où les expositions sont régulièrement renouvelées, une galerie de photographies historiques et une centre d'artisanat. Le NACC est une collaboration entre une entreprise privée et divers représentants des communautés aborigènes. Des mandataires du peuple aborigène gèrent les parts de leurs communautés dans le centre et contrôlent l'intégrité culturelle et l'authenticité de ses représentations.

Le centre propose une série d'expériences qui reflètent la vie et la culture du peuple aborigène. Des spectacles de théâtre et de danse d'environ 30 min sont présentés chaque jour à 11h, 13h, 16h et 18h. Chaque spectacle est raconté par un «narrateur» dans la tradition de la culture orale aborigène. L'entrée au centre, aux galeries d'art et de photos et au centre d'artisanat est gratuite, mais les spectacles sont payants. Ouvert tous les jours de 9h30 à 20h.

Super-Aquarium

L'**Aquarium de Sydney**, sur la partie de Darling Harbour la plus proche de la ville, est l'un des plus grands du monde. Commencez peut-être votre visite par les crocodiles, dont l'immobilité sinistre semble mettre la foule au défi d'attendre que l'un deux bouge. Vous pouvez aussi commencer par l'Open Ocean Oceanarium, où vous vous trouverez nez à nez avec des requins qui pèsent jusqu'à 300 kg et mesurent plus de 9 m de long. L'aquarium possède 146 m de tunnels sous-marins. La dernière attraction est le grand mur de récifs (Great Barrier Reef Complex), qui comprend un **océanarium**, des grottes de coraux vivants, un atoll de corail et une piscine tropicale; dans son ensemble le centre héberge plus de 6 000 animaux.

KINGS CROSS

Les enseignes lumineuses et les personnages louches coexistent à Kings Cross, à quelques stations en train de Circular Quay. *The Cross*, comme on appelle souvent ce quartier, est l'équivalent de Pigalle à Paris. Des néons criards éclairent des rues peu rassurantes où se mêlent les personnages à la recherche du plaisir et les adeptes de cultures alternatives. Le quartier ne dort jamais et présente une cavalcade amusante d'humanité: bizarre, flamboyante, droguée et ivre. Tout ce qui est excessif s'y retrouve.

Ne manquez pas l'Aquarium de Sydney, c'est l'un des plus grands et des mieux agencés du monde.

Le Cross est le lieu de prédilection pour les *Buck's Nights,* les groupes bruyants de jeunes hommes qui enterrent leur vie de garçon. Le haut lieu du Cross est **Darlinghurst Road**; une rue bohème un peu louche, parsemée de bars, de boîtes à strip-tease, de fast-foods, de salons de tatouages et de sex shops. Le **Bourbon and Beefsteak Bar**, près d'El Alamein Fountain, est un endroit sympa pour prendre un verre. C'était un bar très prisé par les militaires américains en permission lors de la guerre du Vietnam. Les portiers veillent à ce que les résidents les plus louches restent dehors. Au début de l'année 1999, cet établissement reçut une curieuse publicité lorsque le célèbre joueur de cricket australien, Ricky Ponting, fut mis KO lors d'une bagarre nocturne sur les lieux.

Kings Cross est fameux (ou plutôt infâme) pour ses *spruikers* (prononcez sprookers), des bonimenteurs qui se tiennent à l'entrée des boîtes de strip-tease et racolent les clients. Leurs cibles sont plutôt les hommes seuls ou en groupes. Ils laissent les couples hétérosexuels ou les groupe mixtes tranquilles. Fort heureusement, ils n'essaient jamais de retenir votre attention plus d'une minute ou deux.

Vous avez de grandes chances de croiser des prostituées sur le pas de leur porte dans le Cross. Eller racolent souvent en disant *Like a girl, love?* La prostitution est légale à Sydney, à condition que les prostituées respectent les lois qui les obligent à ne pas s'approcher des écoles, des églises et des domiciles privés. Il y a des bordels à Kings Cross, Surry Hills et ailleurs dans la ville. Le Cross connaît aussi un trafic de drogue fleurissant qui a résisté toutes les tentatives pour l'éradiquer, mais il y a peu de chance que l'on vous propose de la drogue, si vous n'en cherchez pas.

A cinq minutes de marche de la gare de Kings Cross, **Elizabeth Bay House** est un hôtel particulier splendide construit en

Kings Cross n'a peut-être l'air de rien, mais fourmille de boîtes de strip-tease, de bars et de clubs toute la nuit.

1835 pour le secrétaire colonial sur le modèle d'une villa grecque. Cet immeuble témoigne que Kings Cross fut un quartier à la mode pendant un siècle au moins. Les habitants fortunés l'ont quitté dans les années qui suivirent la Deuxième Guerre mondiale et des individus moins respectables s'y sont installés. Les belles habitations de Kings Cross ont été transformées en logement pour les routards.

Victoria Street, parallèle à Darlinghurst Road, offre une alternative plus calme. La rue est bordée d'élégantes vieilles maisons, de cafés dans le vent et de bons restaurants. Dans les années 1970, Victoria Street est devenue l'enjeu d'un conflit qui opposait les syndicats de résidents aux promoteurs avides qui souhaitaient démolir les vieux immeubles pour construire des tours modernes. Juanita Nielsen, une riche héritière de Sydney qui éditait un journal intitulé *Now,* s'est distinguée lors de cette campagne de préservation. Ses efforts ont contribué à empêcher à la laideur des tours de s'installer, mais lui ont attiré les foudres des promoteurs sans scrupules. Elle disparut en juillet 1975 et ne fut jamais retrouvée.

L'ELEGANT PADDINGTON

Paddington est un quartier au sud-est de Kings Cross qui mérite le détour. Il se distingue par ses fers forgés ouvragés connus sous le nom de dentelle de Sydney (*Sydney lace*) qui ornent les balcons de nombreux immeubles du XIXe siècle. Paddington avait été construit pour loger les ouvriers dans les années 1880, puis le quartier se dégrada pour devenir un repère de taudis dans les années 1940. Une réhabilitation lente s'est mise en place et dans les années 1970, «Paddo» comme le surnomme les locaux, était devenu un quartier à la mode fréquenté surtout par les artistes.

Le quartier s'est enrichi et les actuels résidents sont plutôt des avocats et des courtiers en bourse que des artistes. Les maisons valent jusqu'à 1 million de dollars australiens et les prix de l'immobilier continuent à grimper. Le faubourg voisin de Woollahra, truffé d'hôtels particuliers et de consulats est encore plus aisé.

Paddington regorge de restaurants ethniques, d'antiquaires, de galeries d'art, de librairies à la mode et de boutiques chic. L'un des meilleurs marchés publics de Sydney, le Paddington Bazaar, se tient le samedi à Paddington Public School sur Oxford Street. Vous y trouverez toutes sortes d'art et d'artisanat et le marché est animé par des artistes de rue. (Vous pouvez même échanger des traveller's checks dans l'entrée principale).

Oxford Street est le centre de la communauté homosexuelle de Sydney qui se développe, Albury étant le bar gay le plus ancien. **Juniper Hall** sur Oxford Street est la villa géorgienne la plus ancienne d'Australie. Terminée en 1824, elle fut construite par le colon forçat, Robert Cooper, qui y vécut avec sa troisième femme, Sarah, et leurs nombreux enfants. Masquée par une rangée de boutiques médiocres construites dans les années 1930, Juniper Hall tombait en ruines jusqu'à ce qu'elle soit rachetée et restaurée par le National Trust of Australia. A côté de Juniper Hall, Underwood Street mène à Heeley Street, une promenade agréable qui descend la colline pour déboucher, après dix minutes de marche, dans Five Ways, avec ses pubs, ses boutiques et ses galeries.

Oxford Street accueille les deux meilleures librairies de Sydney, Ariel and Berkelouw, ainsi que ses meilleures salles de cinéma, le Chauvel, le Verona et l'Academy Twin.

Victoria Barracks sur Oxford Street est une caserne construite par les forçats pour loger un régiment de soldats anglais et témoigne de l'architecture militaire du milieu du XIXe siècle.

Centennial Park

En 1811, Macquarie, le gouverneur visionnaire, réserva pour l'usage du public, un espace à la sortie de la ville qu'il nomma Sydney Common. La légation initiale du gouverneur de 405 ha a été sérieusement réduite depuis, mais Centennial Park, à l'extrémité est d'Oxford Street, au sud de Woollahra, vaut tout de même le détour. Centennial Park fournit les habitants de Sydney en verdure et en air frais depuis 1888, lorsqu'il fut offert pour toujours au peuple du New South Wales lors de la célébration du centenaire de la fondation de l'Australie.

Le parc s'étend sur 220 ha d'arbres, de pelouses, de mares aux canards, de roseraies et de pistes cavalières. Il est visité chaque année par environ trois millions de personnes qui viennent y faire du vélo ou du roller skate, promener leur chien, nourrir les oiseaux, lancer des frisbees ou pique-niquer.

Centennial Park, et Lachlan Swamp (marais) en son sein, est une large réserve d'oiseaux. Parmi les différentes espèces, on distingue

Si vous préférez chevaucher que flâner, empruntez les allées cavalières de Centennial Park.

les ibis au long bec qui évoquent les dessins que l'on voit sur les tombeaux de l'Ancienne Egypte, mais qui sont originaires d'Australie. Des volées de cacatoès aux crêtes sulfurées y font entendre leurs cris stridents. Les chauves-souris se nourrissent sur les vénérables figuiers de Moreton Bay et les opossums (une espèce australienne) se nichent dans les dattiers. Les dattiers sont menacés par un virus mystérieux et sont progressivement remplacés par une variété plus résistante.

Si vous souhaitez parcourir à cheval les pistes cavalières, renseignez-vous auprès de Moore Park Stables, tél. (02) 9360-8747. Vous pouvez également louer des bicyclettes et des carts à pédales au Centennial Park Cycles, tél. (02) 9398-5027.

Le Centennial Park Kiosk, un endroit charmant pour déjeuner ou boire un verre de vin, fut rénové et agrandi en 1998. Tout à côté, vous verrez une charmante fontaine moderne pour le moins étonnante avec ses cristaux qui changent de couleur la nuit. Parmi les hauts lieux du parc, on peut citer le Federation Pavilion, un édifice circulaire soutenu par des colonnes et coiffé d'un toit de bronze. Construit en 1988 à l'occasion du bicentenaire, il porte une inscription cryptique: *Mammon or Millennial Eden,* le questionnement d'un poète sur la direction que prend l'Australie.

Non loin du Pavilion, l'Amphithéâtre de Centennial Park

accueille des spectacles en plein air. Pendant les mois d'été, le programme populaire du Moonlight Cinema s'y déroule. Les films commencent à 10h45 environ et les billets sont vendus à l'entrée à partir de 19h30 ou à l'avance par Ticketmaster (tél. 136-100); pour le détail des programmes, appelez de 1900-933-899.

Adjacent au Centennial Park, le Moore Park abrite le Sydney Cricket Ground (un

L'élégance retrouvée dans le faubourg rénové de Paddington.

terrain de cricket connu dans le monde entier), le stade de football de Sydney et le centre équestre.

Deux hectares de Moore Park ont récemment été réquisitionnés pour le Eastern Distributor Tollway par Inner Sydney, un projet controversé qui doit s'achever en l'an 2000. La controverse s'est aggravée lorsque 24 ha du parc furent cédés au groupe américain Fox de Rupert Murdoch pour le développement d'un studio et d'un centre de loisirs.

LES FAUBOURGS
La bohème de Newtown

Newtown, dans l'ouest de Sydney, à 4 km du CBD, est aujourd'hui l'équivalent de Paddington dans les années 1960. Sa nature cosmopolite et sa forte proportion d'étudiants (qui fréquentent l'University of Sydney, au bout de la rue) contribuent à son aspect bohème. A l'origine, c'était un ensemble de fermes à la sortie de Sydney. En 1838, Newton comptait «877 protestants, 364 catholiques, un païen et un juif.» Puis au début du XXe siècle, des commerçants allemands et italiens s'y installèrent. Dans les années 1970, Newtown devint un quartier d'habitations à loyers modérés, habité principalement par de nouveaux immigrants.

Aujourd'hui, les étudiants, les hippies, la communauté homosexuelle, les adeptes du New Age et de jeunes familles se partagent le quartier, où se sont ouvertes de nombreuses sandwicheries, des librairies, des boutiques de fripes, des brocantes, des pubs et des restaurants multiculturels. Les prix dans l'ensemble sont restés assez bas. Certains restaurants thaïlandais ont des noms amusants comme Thai Foon (bien que le plus drôle, Thaï Tanic, ne se trouve pas à Newton, mais de l'autre côté du port à McMahons Point).

King Street, la rue principale, est encore bordée de petits commerces à l'exemple de All Buttons Great and Small, qui ne vend que des boutons. Autour du nord de King Street, les commerces sont devenus un peu plus chic, mais dans l'ensemble le quartier garde son authenticité.

Gould's Book Arcade (32 King Street) est une immense librairie qui ne vend que des livres d'occasion. Le système de classement semble être le fait du hasard, et il vous faudra fouiner (*fossick* en anglais australien) pendant des heures pour trouver une bonne affaire (il y en a!). Le Sandringham Hotel (connu sous le nom de Sando) avait la (mauvaise) réputation de passer de la musique à vous crever les tympans, invitant notamment des groupes de Rhythm and Blues. Sa licence a été récemment changée et si l'on peut toujours y entendre de bons groupes, le nombre de décibels est plus supportable. L'extrémité sud de King Street a des allures d'île du pacifique pendant le week-end, lorsque la population polynésienne et mélanésienne de Sydney s'y presse pour faire ses courses d'épices et de spécialités.

Il y a quelques très bons pubs et bars à Newtown. Kuletos (157 King Street) sert d'intéressants cocktails, notamment une excellente version du *Long Island iced tea,* qui combine vodka, tequila, gin, rhum blanc, triple sec, jus de citron, et une pointe de Coca Cola, dans le même verre. Les verres sont à moitié prix tous les soirs entre 18h et 19h30 et le jeudi entre 21h et 22h. Le Newtown Hotel et l'Imperial Hotel sont des pubs gays; l'Imperial est celui d'où part le bus dans le film, *Priscilla: Queen of the Desert.* Les lesbiennes fréquentent plutôt le Bank Hotel sur King Street.

Balmain

Balmain, près du CBD et facile d'accès par le ferry (départ du Wharf 5 à Circular Quay pour Darling Street Wharf), est situé sur une péninsule, ce qui lui donne un aspect retranché par rapport à la ville. Vu depuis Balmain, le CBD paraît très proche, comme si l'on pouvait y aller en ligne droite à travers le port. Mais c'est impossible comme l'indiquent les panneaux de circulation. La route pour aller en ville est assez tortueuse.

Jusqu'à la moitié du XXe siècle, Balmain était un faubourg résolument populaire. Dans les années 1840, il était habité par les marins et les constructeurs de bateaux et les pubs ne désemplissaient pas. Dans les années 1880, il y avait 41 tavernes à Balmain; il n'en reste que 24. Balmain est aujourd'hui habité par des acteurs, des avocats et par ceux qui peuvent se le permettre. Son aspect village a survécu et sa culture ouvrière n'a pas complètement disparu, comme vous le confirmera une visite au Balmain Leagues Club.

La rue principale de Balmain est Darling Street, où vous trouverez la très chic London Tavern quasiment en face de la St Andrews Congregational Church. Un marché aux puces animé se rassemble autour de l'église le samedi, on y trouve toutes sortes de cuisines (égyptienne, indienne, libanaise, végétarienne) dans le hall de l'église et, à l'extérieur, des stands vendent de l'artisanat, des objets et vêtements d'occasion. Souvent un groupe de musiciens, comme un trio de gitans de Roumanie, par exemple, anime l'endroit.

La promenade qui va de Darling Street à Sydney Harbour est remarquable. Vous passez devant des pubs, de jolies petites maisons avec terrasse, des cottages en grès du début du XIXe siècle, d'étranges boutiques et des entrepôts rénovés. Louisa Road (qui appartient en fait à Birchgrove, le faubourg voisin) est l'une des plus chères de Sydney, les villas de millionnaires n'y manquent pas.

Leichhardt

Non loin de Newtown, Leichhardt constitue la base de la communauté italienne depuis le début du XIXe siècle. Au départ, il n'y avait que quelques épiceries. En 1962, quatre cafés italiens avaient ouvert et d'autres boutiques italiennes suivirent. Moins de 5 % de l'actuelle population de Leichhardt sont nés en Italie, mais de nombreux résidents sont d'origine italienne, ce qui maintient l'ambiance italienne du quartier. Norton Street invite à la promenade; vous pouvez manger à Bar Baba, Bar Italia, Caffe

Sport et La Cremeria. Norton Street Markets, un entrepôt bourré de produits italiens, vend de tout, des tomates séchées et prosciutto aux vins italiens, huiles d'olive et vinaigre balsamique.

Parramatta

Un peu plus loin de la ville vers l'ouest, Parramatta est presque aussi ancien que Sydney. Dans les années 1790, nombre d'administrations de Sydney et de fermes remontèrent la rivière jusqu'a Parramatta, où la terre était plus fertile. Le gouverneur Phillip déclara qu'il y aurait fondé la colonie s'il en avait connu l'existence plus tôt. En 1804, un groupe de 260 bagnards irlandais fomentèrent une révolte à Parramatta dans le but de renverser le gouverneur. Mais la révolte fut écrasée et la plupart des conspirateurs pendus.

Dans l'ensemble, les immeubles de Parramatta sont neufs et ordinaires. Il reste néanmoins quelques points intéressants, comme l'Elizabeth Farm, l'Old Government House in Parramatta Park et l'Experiment Farm cottage. Le moyen le plus agréable de se rendre à Parramatta est de prendre le bateau, comme l'un des RiverCat catamaran ferries à Circular Quay.

EXCURSIONS PORTUAIRES

 La traversée en ferry depuis Circular Quay jusqu'au **Taronga Zoo** (anciennement appelé Taronga Park Zoo) est agréable et ne prend que 12 min. C'est au zoo que la plupart des touristes voient leurs premiers kangourous et koalas. Il est situé dans une zone sauvage à Bradleys Head, Mosman. L'endroit est incroyable et si vous choisissez bien votre angle, vous pourrez photographier la tête des girafes sur fond de ville, avec le CBD et même l'Opéra en prime.

Le zoo a été conçu de manière à ce que les animaux vivent dans un environnement plaisant, le plus proche possible de leur habitat naturel. Dans la Nocturnal House, vous verrez des animaux nocturnes, inconscients des observateurs, grâce à un éclairage artificiel qui reproduit la lumière de la lune. Le Rainforest Aviary

Qui ne les aime pas? Vous verrez des koalas au Taronga Zoo, situé dans une réserve naturelle.

abrite des centaines d'oiseaux tropicaux. Si vous arrivez à l'heure où l'on nourrit les animaux (elles sont postées), vous pourrez assister à la distribution et écouter en même temps les gardiens parler de leurs protégés. Le zoo participe à un programme éducatif; il y a également un phoque-acteur.

Fort Denison est situé sur une petite île portuaire connue sous le nom de Pinchgut, qui servait à l'origine de prison. Les bagnards récalcitrants y étaient mis au pain sec et à l'eau, ou même pire. En 1796, un meurtrier fut pendu sur l'île et son corps resta sur la potence pendant trois ans en guise d'avertissement. Fort Denison abrite une *martello tower* (un blockhaus circulaire), un quartier de détention et une batterie de fusil; le tout datant des années 1850. Les bâtiments ont été restaurés afin que des mariages et des cocktails puissent avoir lieu dans ce lieu pour le moins macabre, en dépit de la vue magnifique.

LES PLAGES

Sydney compte quelque 70 plages, où l'on trouve toutes sortes de vagues, des plus grosses aux plus caressantes. Mettez une bonne quantité d'écran solaire (les ultraviolets sont très forts) et obéissez aux consignes, nagez dans les sections marquées par les drapeaux rouges et jaunes des sauveteurs; ils indiquent que cette section de plage est surveillée. Les courants et les marées sont très forts le long des plages de Sydney; les noyades sont malheureusement fréquentes en été. En revanche, il n'y en a pas dans les parties surveillées; il n'y a eu que deux cas recensés depuis la fondation, en 1906, du premier club de sauvetage à Bondi Beach.

Drôles de canards

Les abris pour échidnés et ornithorynques au Taronga Zoo vous permettent de voir de près les timides monotrèmes (mammifères ovipares australiens). Les échidnés, claudiquants et couverts d'épines, se nourrissent de fourmis et de termites. L'ornithorynque, au bec de canard, est encore plus étrange et n'en finit pas d'émerveiller depuis sa découverte par les premiers explorateurs. Lorsque les zoologues du XVIIIe siècle à Londres, reçurent leurs premiers spécimens empaillés, ils eurent du mal à croire qu'un animal aussi étrange puisse exister. La plupart des experts de l'époque déclarèrent qu'il s'agissait d'une plaisanterie assemblée par les empailleurs chinois pour marins crédules. L'ornithorynque a la taille d'un petit chat, avec un large bec et des pieds palmés comme un canard. C'est un animal amphibie, recouvert de fine fourrure, qui allaite ses petits mais pond des œufs et se nourrit exclusivement de boue de laquelle il extrait des plantes et des animaux microscopiques. L'ornithorynque ne fut classé parmi les mammifères qu'en 1884.

Bondi Beach

Se prononce «bond-eye», c'est le coin de sable le plus célèbre de 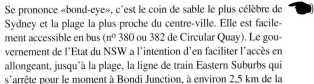 Sydney et la plage la plus proche du centre-ville. Elle est facilement accessible en bus (n° 380 ou 382 de Circular Quay). Le gouvernement de l'Etat du NSW a l'intention d'en faciliter l'accès en allongeant, jusqu'à la plage, la ligne de train Eastern Suburbs qui s'arrête pour le moment à Bondi Junction, à environ 2,5 km de la mer. Les résidents s'opposent farouchement à cette extension de peur que la gare dénature la promenade le long de la plage.

Avec ses magasins de surf, ses cafés et ses restaurants *al fresco,* Bondi est un lieu à la mode depuis l'arrivée des tramways en 1894. Ses attraits n'ont pas diminué avec la disparition des tramways. Les puristes considèrent Bondi un peu trop populaire, mais la chance lui sourit à nouveau et cette banlieue redevient à la mode. James Packer, le fils du plus riche Australien, l'éditeur Kerry Packer, a pris ses quartiers à Bondi, à l'instar de nombreuses célébrités australiennes. Le Bondi Pavilion, qui abrite des cabines pour environ 5000 personnes, une salle de bal et d'autres installations balnéaires, expose une série de photographies de la plage qui remontent à la dernière moitié du XIXe siècle, lorsque Bondi était une plage privée et quasiment déserte.

Les routards viennent célébrer bruyamment Noël à Bondi et y attendre le Nouvel An. Les habitués sont surtout des fous de bronzage, des fanatiques de surf et des familles. La marche sur les falaises qui bordent le sud de la plage est vivifiante et la vue est magnifique, surtout en début de soirée, à la pleine lune.

Au sud de Bondi, **Bronte Beach**, sur fond de palmiers et de pins de Norfolk, est bien équipée et agrémentée d'un vaste parc pour pique-niquer. **Coogee Beach** est la plus agréable pour nager.

Vaucluse Peninsula et South Head

La péninsule, qui s'étire au nord de Bondi jusqu'à Watsons Bay et culmine à South Head, offre des plages et des promenades

Que vous aimiez le soleil, le surf ou jouer tout simplement les badauds, la plage de Bondi a de la place pour tous.

magnifiques. Les maisons les plus chères de Sydney sont regroupées sur Vaucluse (au sud de Watsons Bay) et à Point Piper (la péninsule à l'ouest de Vaucluse, dont elle est séparée par le quartier résidentiel aisé de Rose Bay).

Le bus Bondi and Bay Explorer (voir p. 125) vous emmène sur une route panoramique de Circular Quay à Watson's Bay, d'où vous pouvez admirer l'océan pacifique vu du Gap, une falaise océane majestueuse. Les maisons qui bordent Vaucluse et Watsons Bay sont ostentatoires mais néanmoins élégantes, à quelques exceptions près. Les routes sinueuses défilent à l'ombre des bougainvilliers et la région a le charme d'un village huppé. Les détours de la route permettent d'apercevoir la ville au loin. C'est à Camp Cove que le capitaine Phillip a débarqué pour la première fois à Sydney Harbour (le 20 janvier 1788) après avoir quitté Botany Bay plus au sud. Le capitaine avait bon goût et **Camp Cove** est magnifique. Une plaque marque le lieu où il a débarqué.

Les tourelles de style gothique de **Vaucluse House** (une belle villa avec sa plage privée dans le faubourg huppé de Vaucluse), se détachent sur l'horizon de Sydney. La villa fut à l'origine habitée par un bagnard haut en couleurs, Sir Henry Brown Hayes qui fut Sheriff de Cork avant d'être déporté en Australie pour l'enlèvement de sa fiancée. Dans les années 1830, le nouveau propriétaire, William Wentworth, agrandit la villa qui compte maintenant quinze pièces.

Nielsen Park, à proximité du sud de Watsons Bay, est l'un des lieux préférés des habitants de Sydney pour pique-niquer à l'ombre des arbres et se baigner. Nielsen Park est niché au creux d'une petite baie que l'on appelle souvent Nielsen Park Bay plutôt que Shark Bay, son nom officiel. La plage est protégée des requins par des filets (une technique qui date des années 1930), vous n'avez donc aucune crainte à avoir. Si vous avez envie de grignoter quelque chose, le kiosk propose des en-cas et de bons expressos. Le promontoire près de Vaucluse Point (à droite de la plage quand vous êtes face à la mer) est souvent assez tranquille, même les jours fériés.

Les plages du nord

Manly est une plage agréable de l'autre côté de Sydney Harbour que l'on atteint par le ferry ou le Jet catamaran au départ de Circular Quay. Les JetCats sont plus rapides mais le ferry plus relaxant. A Manly, vous aurez à choisir entre deux plages, l'une ouverte sur l'océan et très prisée des surfeurs; l'autre, face au port plus calme et parfaite pour les enfants. L'endroit fut baptisé par le gouverneur Phillip, qui estima que les Aborigènes prenant le soleil sur la plage offraient un spectacle très digne («manly»).

Les deux plages sont reliées par un Corso, une promenade qui évoque les rives de la Méditerranée, bordée de boutiques de souvenirs et de restauration rapide ainsi que de marchands de glaces. Manly a conservé une atmosphère balnéaire et est caractérisée depuis des années par un slogan qui dit «à sept miles de Sydney et à des milliers de miles des soucis». Ce slogan a résisté au passage au système métrique.

La plage océane, divisée en North Steyne et South Steyne, est bordée de pins de Norfolk et d'agréables cafés. Si vous marchez vers le sud le long de South Steyne, vous arriverez à Shelly Beach Park, qui offre une petite plage bien abritée, idéale pour les enfants. Le parc est charmant et très romantique au coucher du soleil, lorsque le ciel darde des feux rouge et or et que les voiliers se détachent sur l'horizon.

A l'**Oceanworld Manly** (à gauche du débarcadère quand vous arrivez à la plage), des plongeurs nourrissent des requins à la main et des pastenagues géants offrent un spectacle fabuleux. Vous y trouverez également des phoques australiens et néo-zélandais, les stars du show, et une sèche géante au sang vert et à trois cœurs. Un trottoir roulant traverse des tunnels transparents au milieu des requins en liberté, des raies et de leurs copains.

Au nord de Manly, se trouvent quelques plages sur le Pacifique qui portent des noms charmants, **Curl Curl** et **Dee Why**, et sont excellentes pour surfer. **Collaroy** et **Narrabeen** sont reliées à une piscine en mer, ce qui est parfait pour les familles. **Newport Beach** est une large bande de sable fin. **Avalon Beach** est célèbre pour ses surfeurs et aimée des enfants. A la pointe nord de la région des plages de Sydney, **Palm Beach** est le lieu de prédilection des millionnaires, des acteurs et des publicitaires. C'est un monde à part et les collines de la péninsule sont peuplées de villas aux jardins manucurés. **Whale Beach** est à peu près semblable.

LE SYDNEY OLYMPIQUE

Les Jeux Olympiques ne durent que deux semaines mais produisent des effets à long terme. Dans le cas de Sydney, les Jeux de l'an 2000 laisseront derrière eux de vastes parcs dont la ville pourra profiter pendant longtemps. Le site principal des Jeux, **Sydney Olympic Park**, dans la banlieue ouest de Homebush,

Cobblers, Obelisk et Lady Jane

Il y a plusieurs plages nudistes à Sydney. La plus accessible est Lady Bay, connue aussi sous le nom de Lady Jane Bay, près de Watsons Bay, de l'autre côté de Camp Cove. Reef Beach, en face de Manly Cove, à une bonne distance à pied du port de Manly, a eu longtemps la préférence pour le bronzage intégral discret, malgré les objections périodiques des résidents. Deux autres plages nudistes sont Cobblers Beach et Obelisk Beach. La première est à l'est de Balmoral Beach sur North Shore; la seconde est proche de Georges Heights, Mosman. Cobblers est facile d'accès par bateau mais difficile par la route.

La culture de la baignade a largement évolué depuis le siècle dernier. En 1900, la baignade publique n'était permise que très tôt le matin et après le coucher du soleil. En 1935, une ordonnance interdit aux hommes de porter des costumes de bains qui exposaient leur torse nu. Des inspecteurs de plage furent chargés d'emmener les contrevenants dans un espace clos où ils les forçaient à se vêtir «décemment». Dans les années 1960, les règlements s'adoucirent considérablement, bien que les inspecteurs restèrent en service à la recherche des maillots de bains trop petits (leur attention se portait alors plutôt sur les femmes). Aujourd'hui, les femmes se baignent en monokini, y compris à Bondi, mais cela peut encore choquer. Avant d'enlever le haut regarder autour de vous (une bonne méthode pour connaître les règles tacites).

est devenu le pôle principal d'attraction des touristes et des locaux. En 1998, deux ans avant le début des Jeux, prévu pour le 15 septembre 2000, **Homebush Bay** avait déjà reçu 4,7 millions de visiteurs.

Pour en faciliter l'accès, un service de bus, le Sydney Olympic Explorer, compte dix arrêts sur les divers sites sportifs et à Bicentennial Park (un grand parc aménagé récemment près des installations sportives), à Homebush Bay. Accordez-vous une journée entière si vous voulez tout visiter. Sinon une demi-journée suffira. Deux vi-

Les catamarans sillonent le port de Sydney, à toute vitesse.

sites guidées parcourent à pied les sites sportifs, ainsi que Sydney Showground.

Un moyen plaisant de visiter le site olympique est de prendre le RiverCat (catamaran ferry) pour remonter la Parramatta River, puis le bus autour du site olympique. Les Sydney Buses vendent un billet combiné à un prix raisonnable. Les tickets sont disponibles sur le Wharf 5 à Circular Quay. Ils coûtent 35 % plus cher le week-end et se vendent rapidement (30 personnes par trajet). Il y a cinq voyages par jour en semaine et deux le samedi et le dimanche. Pour plus d'informations, téléphonez au 131-500.

Millennium Parklands

Ce parc géant a été aménagé sur 450 ha de terrain autour du site olympique et du Sydney Showground adjacent. Plus vaste que

Central Park à New York et deux fois plus grand que Centennial Park, Millennium Parklands est l'un des plus grands parcs urbains construits au XXᵉ siècle.

Avant que le parc et le site olympique ne puissent être construits, il fallut faire un grand nettoyage. Cette opération, terminée en 1998, fut l'une des grandes victoires écologiques de l'histoire australienne. Ce lieu servit d'abord d'usine à sel, puis de carrière de briques, d'abattoir, de dépôt d'armement naval et enfin de décharge; autrefois perdu du fait de la pollution, le voilà rendu à la population sous une forme qui étonnerait les ouvriers du sel, des briques et des abattoirs des années passées.

L'histoire de Homebush Bay est marquée par cette époque où les hommes ne prêtaient guère attention aux conséquences écologiques de leurs actions. Au début des années 1990, des études du sol dévoilèrent 9 millions de mètres cube de déchets contaminés, à la fois sur la rive et dans les estuaires des anciens canaux. Plus d'un quart du site qui s'étend sur 760 ha était pollué par les déchets industriels, commerciaux et domestiques. Le constat était si dramatique que l'on se demandait comment les Jeux Olympiques pourraient avoir lieu dans un tel endroit. Mais, au bout du compte, les Jeux ont rendu à la population un terrain abandonné.

Outre les déchets déversés, les entrepreneurs durent faire face aux conséquences d'une mauvaise utilisation des sols qui avait conduit à l'érosion et au développement d'une friche broussailleuse. Les déchets furent regroupés sur quatre zones puis confinés entre la base de schiste argileux d'origine et une chappe de glaise imperméable d'un mètre de hauteur. Les fuites qui s'échappaient de cette zone étaient récoltées par un drainage spécial qui les dirigeait vers une zone de retraitement des eaux usées. Dès 1994, ce programme prouva son efficacité en termes de gestion écologique de l'environnement et reçut le prix spécial du Keep Australia Beautiful Council.

Les écosystèmes des parties immergées d'Homebush Bay avaient subi des dommages importants du fait de la disparition

Kakadu, ce marais dont l'écosystème a manqué d'être ruiné, a été réhabilité et les oiseaux sont de retour.

de la végétation d'origine et de l'assèchement abusif. La flore a été reconstituée ainsi qu'un système de ruisseaux qui alimentent des étangs afin d'encourager la vie animale à reprendre. Des enquêtes ont prouvé que les oiseaux et les poissons reviennent, y compris le Golden Plover, un visiteur traditionnel d'Homebush Bay qui effectue chaque année une migration de 22 000 km afin d'éviter de passer un rude hiver en Alaska. Dix autres espèces d'oiseaux émigrent chaque hiver à Homebush Bay en provenance d'Asie, de Sibérie ou d'Alaska.

Village olympique

Lorsque les gouvernements d'Australie et de New South Wales posèrent leur candidature pour les Jeux en 1993, ils s'engagèrent sur un projet de développement écologiquement viable (ESD), un concept qui vise à protéger l'environnement, notamment par des initiatives en vue d'arrêter le réchauffement de la planète, protéger la couche d'ozone, empêcher la pollution chimique et protéger la biodiversité.

Ceci comprenait la construction du village olympique le plus écologique du monde, une banlieue spacieuse et agréable, à faible distance des stades afin d'y loger les athlètes. Le village utilise principalement de l'énergie solaire, le générateur a une capacité de production supérieure à 1 million kilowattheures par an, ce qui, comparé à la consommation d'un village semblable, représente une économie de 7000 tonnes de dioxyde de carbone par an, soit une réduction de 75 % sur l'électricité utilisée.

Paradis aquatique

Si l'immense Sydney Stadium, avec 110 000 places assises est le haut lieu du site olympique, ce n'est pas le seul site sportif du parc olympique de Sydney. Nombre de ces sites sont ouverts depuis des années. Le **Sydney International Aquatic Centre** (SIAC), de conception très moderne, est ouvert aux athlètes, aux communautés, aux visiteurs étrangers et aux familles pour tous

Le royaume des grenouilles

Une espèce rare et menacée, la grenouille Green and Golden Bell a élu domicile dans une ancienne mare à briques entre le Bicentennial Park et l'Olympic Stadium. Le hasard a voulu que ce petit amphibien timide porte les couleurs de l'Australie. D'après les plans originaux, le royaume des grenouilles devait céder la place au centre olympique de tennis, mais les 300 grenouilles ont refusé de bouger, bien qu'on leur ait construit une nouvelle mare à proximité. En définitive, c'est le centre olympique de tennis qui a été déplacé et la mare aux grenouilles a été intégrée au Millennium Parklands. Elle servira de réservoir d'eau recyclée pour le site olympique, un compromis qui ne leur fait courir aucun danger.

les sports aquatiques. Il a accueilli plus de 1,4 million de visiteurs en 1998. La piscine récréative, décorée de palmiers et de mosaïques colorées, est particulièrement appréciée des enfants. Elle comprend un centre thermal, une descente de rivière, des jets, des volcans d'eau, un toboggan d'eau et une plage. Pour les nageurs plus sérieux, le SIAC offre une piscine olympique de 50 m de long sur 25 m de large, avec 10 couloirs et une profondeur minimum de 2 m; elle est couramment utilisée pour les compétitions de natation, le water-polo et les ballets aquatiques. Une cloison amovible permet de la diviser en fonction des besoins, comme par exemple pour le canoë polo, la plongée autonome ou le hockey sous-marin. Des fenêtres sous l'eau permettent aux entraîneurs d'avoir une vue imprenable sur le jeu et de mieux évaluer leurs techniques d'entraînement; les photographes les apprécient aussi.

Sydney Showground

Sydney Showground, adjacent au site olympique, a accueilli 1,2 million de visiteurs lors de la première foire agricole du Royal Easter Show qui s'y est tenue en 1998. L'équipe de base-ball de Sydney, les Sydney Storm, y joue tous les vendredis et samedis soirs. Une division astucieuse en hall et pavillons diminue les besoins en air conditionné et en chauffage.

Le State Sports Centre, construit sur l'aire de vente des abattoirs, a ouvert en 1984. Il comprend le State Hockey Centre, le State Soft Ball Centre et un practice de golf, ainsi que des pelouses qui permettent d'accueillir des spectacles de plein air. Ce complexe qui sert autant aux amateurs qu'aux professionnels, pour l'entraînement ou la compétition, peut accommoder la pratique de 26 sports différents, notamment le basket-ball, l'escrime, le volley-ball, le judo, la lutte et la gymnastique rythmique.

Le Sydney International Athletic Centre, un complexe de deux arènes, servira à l'échauffement et à l'entraînement des équipes pendant les Jeux. Son stade de 5000 places assises porte le nom de la championne australienne, médaillée d'or, Betty Cuthbert; quatre fois championne olympique. Deux mâts de 40 m s'élèvent au-dessus du complexe pour soutenir un toit de cent tonnes, à l'aide de câbles à haute tension.

EXCURSIONS AU DEPART DE SYDNEY

Blue Mountains

Sydney est bordée sur trois côtés par la campagne. La destination la plus prisée à quelques heures de voiture ou de train vers l'ouest, est le Blue Mountains National Park, l'une des zones sauvages les plus fascinantes d'Australie. Les montagnes apparaissent vraiment bleues, sous certaines conditions toutefois; la coloration bleue provient d'un effet de réflexion de lumière à travers la brume légère créée par l'évaporation de l'essence des eucalyptus.

Vous pouvez vous inscrire à l'une des nombreuses visites guidées proposées depuis Sydney, ou vous pouvez choisir de mener votre découverte à votre convenance. Ne vous attendez pas à des sommets aussi pointus que dans les Alpes ou dans le Wyoming, la chaîne est bien trop ancienne et trop érodée. Ici, ce sont les immenses gorges et ravins à la végétation luxuriante, les précipices usés, les rivières encaissées et les falaises de grès qui émerveillent. La principale route qui traverse les montagnes est le Great Western Highway, qui commence son ascension en passant une succession de villes, dominant la forêt qui s'étend comme un gouffre, tandis que le sommet des collines se dissout dans la brume bleutée des eucalyptus.

A une altitude de 1300 m, l'air des Blue Mountains est frais. Dans les larges vallées de grès, les chutes d'eau se brisent sur les rochers et les jardins s'embrasent aux couleurs de l'automne. Les villages de style anglais alternent avec de petites villes de bois et de pierres. Les villes historiques, telles Katoomba, Went-

Les étonnantes Blue Mountains dont le nom provient de la brume bleutée qui s'élève au-dessus des eucalyptus.

worth Falls, Leura et Mount Victoria, sont agrémentées de vieux hôtels très stylés (par exemple l'Hydro Majestic Hotel de style Art déco, construit sur le modèle d'une ville thermale européenne des années 1930).

Une excursion d'une journée permet de voir les hauts lieux de la région. La **City of the Blue Mountains** (qui comprend 26 villes et villages) est l'une des rares régions australiennes où il fait assez froid pour qu'il neige (occasionnellement) au milieu de l'hiver, à peu près au mois d'août. A cette saison, le sommet des Blue Montains le plus photographié, les **Three Sisters** (une crête de grès au relief accidenté) est en général couvert de neige. Les maisons d'hôtes locales proposent des «Yulefests» en hiver (juillet), avec un Père Noël et un repas traditionnel; le climat s'y prête, même si cela étonne toujours les visiteurs.

En toute saison, les vues d'**Echo Point** ou de **Govett's Leap** sont à couper le souffle. Si vous en avez le temps et l'énergie, descendez les 841 marches du **Giant Staircase** à Katoomba et partez à pied dans la Jamieson Valley jusqu'au pied du **Scenic Railway**, puis prenez le train au retour. Le voyage dure trois minutes sur de vieux rails de mines et la pente la plus forte du monde. Une excursion toute aussi palpitante vous entraînera à travers les gorges sur le **Scenic Skyway**, un téléphérique qui se balance au-dessus de la vallée. Le cinéma Maxvision de Katoomba présente un documentaire de bonne qualité sur la région, intitulé *The Edge*.

Les grottes de Jenolan

La plus grande attraction souterraine d'Australie se situe un peu plus loin sur le Great Western Highway, à environ 60 km de Mount Victoria. Les explorateurs n'ont pas encore déchiffré le labyrinthe entier des Jenolan Caves, mais des millions de visiteurs peuvent admirer les stalactites et les stalagmites des neuf grottes ouvertes au public. Les visites guidées (1h30) vous emmènent à travers ses cavernes de calcaire aussi lugubres que sublimes.

HUNTER VALLEY

La région de vignobles la plus connue et la plus pittoresque de New South Wales est sans conteste la vallée de Hunter, à deux heures de voiture au nord de Sydney. Vous pouvez la visiter en une journée, mais il est agréable d'y passer le week-end.

La culture de la vigne n'est pas nouvelle en Australie et des vignobles furent transplantés d'Espagne et de France dès l'origine de la colonie. Dès le milieu du XIXe siècle, la région produisait des centaines de milliers de bouteilles. L'amélioration de la vinification au cours de ce siècle a permis la production de vins de meilleure qualité.

On pénètre dans la région de **Pokolbin** où la plupart des producteurs de vin de la Lower Hunter Valley sont rassemblés, par la ville de **Cessnock**. Ici, l'office du tourisme fournit des cartes de la région vinicole et des brochures d'information. Les 50 producteurs de Hunter font leurs vendanges en février et en mars, mais accueillent des visiteurs toute l'année. Pokolbin est la région vinicole la plus attrayante d'Australie. Les vignobles s'étendent en jolies rangées depuis la base de Brokenback Range.

La plupart des producteurs proposent des dégustations en cave. Les plus connus sont: Tyrell's Wines, Lindemans Winery, Wyndham Estate, the Hunter Estate, Rothbury Estate et McWilliams Mount Pleasant Winery. Les excellentes productions des grands producteurs ne devraient pas vous inciter à négliger les petits vins, *boutique wines,* que vous pourrez goûter en achetant une bouteille à la personne que s'est occupée de la vigne, l'a vendangée, a surveillé la fermentation, mis le vin en bouteille et vraisemblablement collé l'étiquette. Les vignobles se montrent sous leur plus beau jour en été lorsque le soleil est bas et que la brise fait onduler la mer verte des vignes.

En dehors des vignobles, Hunter Valley est aussi agréable pour monter à cheval, faire du vélo, des promenades à pied, du golf, du tennis ou de la montgolfière. Si vous vous sentez d'humeur espiègle, offrez-vous un pique-nique en calèche ou une excursion à vélo le long des vignes.

Hawkesbury River

Le fleuve Hawkesbury coule sur 480 km avant de se jeter dans le Pacifique à Broken Bay, juste en dessous de Palm Beach, tout au nord de la grande couronne de Sydney. Les eaux calmes de l'Hawkesbury avec ses petites anses toutes différentes et ses rives escarpées et boisées charment toujours. Vous pouvez louer des bateaux un peu partout et vous n'avez besoin ni de permis ni d'expérience. Clipper Cruiser Holidays à Akuna Bay dans le Ku-ring-gai National Park (à 40 min en voiture de Sydney) loue des bateaux de rivières de 10,4 m, qui peuvent loger de deux à huit personnes. Une fois à la barre de votre vaisseau, vous pouvez passer la journée à pêcher, dénicher une petite plage retirée où débarquer et faire une promenade dans le parc, ou tout simplement vous allonger sur le pont avec un bon livre.

La région d'Hawkesbury aurait pu devenir la capitale nationale de l'Australie. En 1899, un projet utopique voulait construire la capitale sur le promontoire de Hawkesbury. Les immeubles de la ville, qui devait s'appeler Pacivica, auraient été construits sur le modèle de la Tour de Londres, le château de Windsor, et d'autres figures emblématiques de l'Empire (il ne manquait que le Taj Mahal). Lorsque vous parcourrez ces agréables bras d'eau calme, vous ne serez pas mécontent que ce projet ait été abandonné.

Old Sydney Town, qui s'étend au-delà de la Hawkesbury River, est une destination parfaite pour une excursion relaxante.

Southern Highlands

La région au sud de Sydney comprend de riches pâturages et des vergers parsemés de villes et de villages historiques. Les villes qui méritent votre attention sont **Mittagong**, très pittoresque, et **Bowral**, qui accueille dans ses jolis jardins une fête de la tulipe au mois d'octobre. **Berrima** est un bijou géorgien si bien préservé que la ville entière a été classée monument historique. Elle regorge d'antiquaires, de galeries, de boutiques d'artisanat et de salons de thé désuets. Le Surveyor General Inn, établi en 1834, prétend être la plus vieille auberge australienne avec licence. c'est en outre un beau bâtiment et une halte charmante pour boire un verre ou prendre un repas. Berrima Gaol, une prison construite en 1830 par ceux à qui elle était destinée, mérite aussi qu'on s'y arrête.

Les habitants de Sydney regardent Canberra de haut, mais la capitale australienne abrite de nombreux sites culturels.

Canberra

Canberra, la capitale australienne construite sur mesure, se niche au cœur de l'Australian Capital Territory, une région au sud-ouest de Sydney, d'une superficie de 240 km^2, où alternent les fermes, les montagnes embroussaillées, les forêts et les vallées. Pour visiter Canberra depuis Sydney, si vous n'avez qu'une seule journée, il vaut mieux prendre l'avion. Les vols sont fréquents et ne durent que 40 min. Les bus assurent une liaison quotidienne sur les 282 km de Canberra à Sydney, mais le voyage prend plus de trois heures à l'aller et au retour. Il y a également trois trains par jour au départ de Sydney.

En général, les touristes qui visitent l'Australie ne réservent guère plus d'une journée à Canberra, mais une fois sur place, ils se rendent compte que la ville méritait plus. Canberra se targue de posséder les plus belles galeries et les plus beaux édifices publics d'Australie et peut-être même d'être plantée dans un décor plus beau qu'aucune autre capitale. Les habitants de Sydney ont tendance à regarder Canberra de travers, en raison de la forte proportion d'hommes politiques et de fonctionnaires qui y résident. Mais, la capitale ne manque pas d'attraits.

Fondée en 1901, lorsque l'Australie a décidé qu'elle avait besoin d'une capitale libre de toute domination politique ou commerciale des Etats, Canberra fut conçue par un urbaniste de Chicago, Walter Burley Griffin, qui n'avait jamais visité les lieux. Ville complètement planifiée sur le papier, Canberra n'a ni vieux quartiers ni vieux bâtiments restaurés. L'édifice le plus important est sans doute le **Parliament House** sur Capital Hill, qui a ouvert en 1988, pour remplacer l'ancien parlement construit en 1927. Les autres bâtiments publics qui méritent votre attention sont l'Australian National University, les National Film and Sound Archives, l'Australian War Memorial, l'All Saints Church à Ainslie (qui était à l'origine la gare de Rookwood Cemetery à Sydney et qui fut démantelée et reconstruite pierre par pierre), l'Australian Institute of Sport, l'Australian National Library, le National Science and Technology Centre, la High Court (ouverte de 9h15 à 17h, si vous voulez jeter un œil à la justice australienne), la National Gallery of Australia et l'Old Parliament House.

Plus de trente institutions artistiques et culturelles sont installées à Canberra, de Questacon (à l'intérieur du National Science and Technology Centre) à la **National Gallery of Australia** sur la rive du lac Burley Griffin. La National Gallery abrite la collection la plus large et la plus éclectique d'Australie, elle expose aussi bien des chefs-d'œuvre de l'art aborigène que les *Nénuphars* de Monet ou les *Blue Poles* de Jackson Pollock. La capitale est également riche en clubs, salles de concert, cinémas et restaurants.

Langage

L'australien, version très épicée de l'anglais, a un vocabulaire riche et inventif. Certaines des expressions les plus pittoresques tombent cependant en désuétude, mais voici toutefois quelques expressions qui valent la peine d'être retenues :

G'day	Bonjour ou salut
Mate	Ami, copain
Tinny	Canette de bière
Ocker	Stéréotypé, ou stupidement *Aussie*
Dag	Démodé ou personne asociale
Ripper!	Marque d'approbation
Dinkum	Authentique, sincère
Cozzie	Maillot de bain
Hoon	Quelqu'un d'agressif, de stupide ou de bruyant
Root	Rapport sexuel
Dunny	Toilettes extérieures
Shout	Payer sa tournée
Bludger	Quelqu'un de paresseux qui profite des autres
Garbo	Eboueur

QUE FAIRE

LES ACHATS

A Sydney, les boutiques sont ouvertes de 9h à17h30 du lundi au vendredi et de 9h à 17h le samedi. Elles ne ferment pas pour le déjeuner, ni à aucun autre moment de la journée. Jeudi est le jour des nocturnes dans le Central Business District (CBD) et de nombreuses boutiques restent ouvertes jusqu'à 21h. D'autres centres commerciaux dans les faubourgs ont leurs nocturnes d'autres jours. Les boutiques de Darling Harbour restent ouvertes tous les soirs jusqu'à 21h ou 22h.

Les cartes de crédit principales (American Express, Visa et MasterCard) sont acceptées partout à Sydney, les cartes moins connues ne sont acceptées que dans les grands magasins. Les traveller's checks internationaux permettent d'acheter hors-taxe, à condition toutefois de montrer votre billet d'avion et votre passeport à la boutique hors-taxes et de ne pas ouvrir vos paquets avant de quitter le pays. Il vous faudra les montrer à l'officier des douanes en partant. Prévenu par ordinateur, il vous attendra au passage. Pour plus d'informations, voir p. 114)

Les boutiques

Dans le centre de Sydney, les gratte-ciel sont construits sur des galeries marchandes. Le **Pitt Street Pedestrian Mall** est relié à diverses galeries. Pour faire vos achats dans un cadre historique, essayez le **Queen Victoria Building** ou le **Strand Arcade**, un chef-d'œuvre victorien plein de charme et de style, entre George et Pitt Street. Vous y trouverez les plus grands créateurs de mode aux étages supérieurs. Les bijoutiers du Strand méritent également qu'on s'y arrête. Si vous cherchez plutôt des bricoles et des cadeaux, rendez-vous à l'**Imperial Arcade** entre Pitt et Castlereagh Street, au **Skygarden** et à **Centrepoint** à côté ou à

Glasshouse sur King Street. Les grands magasins de Sydney sont David Jones et Grace Bros. Gowing's, une tradition familiale, vend des vêtements de bonne qualité à des prix abordables, principalement pour hommes.

Les produits

L'art aborigène. Les artistes aborigènes vendent leurs œuvres dans les centres d'artistes ou les galeries spécialisées, mais également dans les boutiques d'artisanat ou par l'intermédiaire d'agents. Chaque artiste possède les droits exclusifs sur ses motifs, ses totems ou ses histoires. Les tissus aux motifs dessinés par des artistes comme Jimmy Pike sont très prisés. Le National Aboriginal Cultural Centre ou Gavala, tous deux à Darling Harbour, sont de bonnes adresses pour commencer.

Les antiquités. Le quartier de Paddington et de Woollahra regorgent d'antiquaires. Intéressez-vous particulièrement aux horloges, bijoux, porcelaines, livres et cartes anciennes, mais aussi à l'argenterie.

Les vêtements bon marché. L'industrie textile est basée dans la proche banlieue de Surry Hills. Commencez en face de la Central Railway Station et dirigez-vous à l'est vers les magasins d'usines (*factory outlets*). Certains ne vendent qu'en gros mais d'autres sont

Strand Arcade, un des hauts lieux du shopping.

L'artisanat du Pacifique sud; les objets de qualité ne manquent pas pour ceux qui veulent des souvenirs authentiques.

ouverts aux particuliers. Vous pouvez également faire de bonnes affaires dans le quartier près de Regent et Redfern Street.

La mode. Les soldes de fin de saison à Sydney sont particulièrement intéressantes pour les visiteurs de l'hémisphère nord. Quand une saison se termine à Sydney, elle commence au nord de l'Equateur. Maillot de bains, vêtements à la mode, tissus et souvenirs sont rassemblés à Ken Done, Desert Designs, Balarinji Australia et Weiss Art.

Le style Outback. Ce style d'habillement vient de l'Australie rurale, une zone communément appelée le «Bush». Les imperméables en peau huilée Driza-Bone, les chapeaux Akubra (à large bords et traditionnellement en feutre) et les tenues R. M. Williams (y compris les bottes et les pantalons de velours) en sont les meilleurs exemples. Les bottes Blundstone, faites en Tasmanie, sont connues pour durer. Parmi les marques les plus connues, citons: Country Road, Covers, Trent Nathan, Lizzie Collins, Studibaker Hawk, Scanlan & Theodore, Morissey Edmiston, Collette Dinnigan, Saba et Robert Burton. Les mérinos australiens donnent une laine fine qui se file parfaitement. Toute une gamme de vêtements tricotés, des pull-overs colorés pour enfants aux pull-overs huilés de la marque Jumbuk (ils ont la même résistance à l'humidité que sur l'animal) se trouve facilement dans toute la ville.

Les opales. L'Australie est la source de 95% des opales mondiales. Les opales «blanches» sont extraites des mines d'Andamooka et de Coober Pedy au sud de l'Australie, où les habitants se réfugient sous terre pour échapper aux chaleurs d'été. Les opales «boulder» vibrantes et lumineuses viennent de Quilpie dans le Queensland, tandis que les précieuses opales «noires» (qui sont d'ailleurs plus bleues que noires) sont extraites à Lightning Ridge et à White Cliffs dans le New South Wales.

Les saphirs. Après les opales, les saphirs sont les pierres précieuses les plus abondantes en Australie. Un saphir est en fait la même pierre qu'un rubis, seuls le nom et la couleur changent.

Etincelez avec une «blanche», une «noire» ou une «boulder».
L'Australie détient 95% de la production mondiale des opales.

Les bijoutiers australiens les plus créatifs font des merveilles avec les saphirs.

Les diamants. L'Australie a l'une des plus grandes réserves mondiales de diamants. Les pierres sont extraites par Argyle Diamond Mines dans la région accidentée de Kimberley, à l'ouest du pays. Kimberley est célèbre pour ses diamants «roses», quelquefois vendus sous le nom de «champagne». Les teintes vont du simple reflet au rouge profond.

MARDI GRAS

Sydney est l'une des villes les plus accueillantes pour la communauté homosexuelle. L'événement gay le plus célèbre en Australie (la plus grande parade homosexuelle du monde) est le **Gay and Lesbian Mardi Gras Parade**, qui se déroule chaque février et attire des foules plus nombreuses qu'aucune autre festivité. La parade est le clou d'un mois de festival d'art, de culture, de musique, de théâtre et de danse gay et elle culmine en une grande fête. Les billets pour la fête sont généralement tous vendus avant fin janvier, mais vous n'avez besoin de rien pour regarder passer la parade.

La première parade de Mardi Gras (1978) fut une marche de protestation, dans le but de commémorer les émeutes de Stonewall à New York. La manifestation de Sydney fut brisée par la police, une intervention qui produisit les même effets que le raid de la police new yorkaise. Une série de protestations se termina par 178 arrestations et le gouvernement de NSW fut amené à amender le Summary Offences Act, selon lequel les manifestations publiques et les témoignages publics d'affection entre hommes étaient illégaux.

Depuis, la parade a pris de l'importance chaque année; aujourd'hui, elle compte 100 chars, 5000 participants et attire quelque 600 000 spectateurs. Les participants les plus spectaculaires sont sans doute les Dykes on Bikes (lesbiennes à vélo), les Marching Boys, les Marching Girls, les Marching Drags (travestis) et les

Sisters of Perpetual Indulgence (un groupe de «religieuses» barbues). Il y en a pour tous les goûts; que cela choque ou amuse!

En 1998, le festival annuel de Mardi Gras, injecta 99 millions de dollars australiens dans l'économie de Sydney, ce fut l'événement culturel qui eut le plus fort impact économique.

LES SPORTS

On n'en fait jamais assez. C'est à peu près ce que pensent les Australiens quand ils planifient leur week-end. S'ils ne font pas de sport, les *Aussies* vont voir un match, en lisent le compte rendu dans la presse, l'écoutent à la radio, le regardent à la télé, lancent des paris ou une conversation animée à ce propos.

Les activités sportives

Golf. Un coup d'oeil à une carte de la région de Sydney vous apprendra qu'il y a de nombreux parcs. Une inspection plus précise vous révélera que nombre de ces parcs comptent un parcours de golf. C'est l'un des sports les plus pratiqués en Australie: il y a environ 400 000 joueurs sur une population de 18 millions. Les joueurs australiens comme Greg Norman, Steve Elkington et Robert Allenby ont largement contribué à sa popularité. L'Australian Golf Club de Sydney fut formé en 1882 et depuis des milliers de joueurs s'entraînent chaque week-end sur les 115 parcours et practices de la ville. Près de la moitié d'entre eux sont des parcours publics et leurs prix sont raisonnables. Le Moore Park Golf Course est un parcours agréable, facilement accessible en taxi depuis le CBD, il y a également des parcours plus pittoresques le long de la côte nord (North Shore). De nombreux clubs privés reçoivent volontiers les joueurs visiteurs; il est possible que le parrainage d'un membre soit demandé et qu'il y ait quelques restrictions, une taxe de green à payer, des heures réduites, ou qu'il faille réserver à l'avance. Les clubs les plus huppés ont un code vestimentaire très strict.

L'Australie est l'un des grands rendez-vous du surf.

Tennis. L'Australie a produit de nombreux champions de tennis, notamment Rod Laver, qui en 1962 s'imposa comme champion du titre, en simple messieurs (Australie, France, Italie, Etats-Unis et Wimbledon). Vous ne manquerez ni de courts ni de partenaires à Sydney. Les courts sont gérés par les conseils municipaux et ils sont très peu chers. Consultez les pages jaunes pour trouver le plus proche.

Ski. La saison de ski dans les Snowy Mountains (les Alpes australiennes), au sud de Sydney près de l'Etat de Victoria, dure généralement de juin à septembre, allant quelquefois jusqu'à novembre. Contactez le Tourism New South Wales pour les détails (tél. 132-077).

Natation et bronzage. Avec des dizaines de plages faciles d'accès, la natation est un passage obligé à Sydney. Les plages les plus recherchées sont reconnaissables à leurs drapeaux jaunes et rouges qui marquent les baignades surveillées. Méfiez-vous des forts courants et tenez compte des conseils des sauveteurs. Si

BridgeClimb emmène les intrépides pour une promenade au-dessus des arches massives du Sydney Harbour Bridge.

l'alerte aux requins est donnée (c'est rare), battez en retraite vers la plage. Un danger plus fréquent vient des hydrozoaires (méduses) bleues *(bluebottles),* dont les piqûres sont très douloureuses (mais pas fatales). Les octopodes (poulpes) bleus sont plus dangereux, mais plus rares. Utilisez de l'écran solaire, mettez un chapeau et ne vous exposez pas au soleil de midi.

Plongée sous-marine. North Head est le lieu de prédilection des plongeurs autonomes (tuba) de Sydney. Le NSW offre de nombreux autres lieux propices à la plongée bien qu'aucun d'entre eux ne soit aussi spectaculaire que la Great Barrier Reef, ce pays des merveilles du corail, plus au nord. Pour plus d'informations, contactez l'Australian Underwater Federation (tél. 9529-6496).

Surf. Les lieux réservés au surf sont marqués par des drapeaux, des pancartes ou des disques. Bondi Beach est la plage de surf la plus connue d'Australie. Des carnavals de surf agrémentent la saison (de novembre à mars).

Navigation de plaisance. Les plus grands clubs de Sydney sont le Royal Sydney et le Cruising Yacht Club. Vous pouvez louer des bateaux, à voile ou à moteur, avec ou sans skipper. Vous pouvez également naviguer sur la Hawkesbury River.

Pêche. Pour vous informer sur les expéditions de pêche en haute mer au départ de Sydney, contactez le Sydney Game Fishing Club à Watsons Bay (tél. 9337-5687). Les rivières glacées des Snowy Mountains sont réputées pour la pêche à la truite. Renseignez-vous auprès du Tourism New South Wales (tél. 132-077).

Escalade. La dernière émotion à la mode à Sydney est le **BridgeClimb**, des marches guidées en petits groupes au-dessus des arches massives du Sydney Harbour Bridge. Cela fait des décennies que les plus téméraires le faisaient illégalement. Depuis que cette option légale existe (1998), les listes d'attente sont longues; si cela vous intéresse, réservez aussitôt que possible.

Ce n'est pas un plaisir bon marché, attendez-vous à payer 100 dollars australiens. Les grimpeurs doivent avoir plus de douze ans et être en bonne santé, les jeunes de moins de seize ans doivent être accompagnés par un adulte. On vous fournira un *bridgesuit* que vous enfilez au-dessus de vos vêtements, ainsi qu'un appareil de télécommunication et un harnais. Abstenez-vous de boire de l'alcool. Les grimpeurs doivent tous passer un test d'alcoolémie; le même que celui qui est administré aux automobilistes. Tout ce qui pourrait tomber doit être laissé en bas, ceci inclus malheureusement les appareils-photos. On vous offrira néanmoins une photographie gratuite de votre groupe.

C'est une marche d'environ 1500 m qui vous emmène tout en haut du pont à 150 m au-dessus du niveau de la mer. BridgeClimb travaille par tous les temps, sauf lors des orages (une bonne idée!). Le départ se fait du 5 Cumberland Street, dans le quartier des Rocks (tél. 02-9252 0077).

Les spectacles sportifs

Football. Plusieurs types de football coexistent, ils sont tous appelés *footy*. Rugby Union, une équipe de 15 joueurs, est rapide, violente et déchaîne ses supporters. Rugby League, l'équipe professionnelle internationale, est un événement majeur à Sydney. Ce sport est un défi physique pour ses joueurs qui sont treize sur le terrain. Le football australien mêle des éléments de rugby et de football. Remarquez par exemple les longs tirs du pied et les passes, des scores élevés sur un terrain circulaire immense avec quatre piquets pour les buts et 18 joueurs par équipe.

Cricket. C'est une passion en Australie et les plus grands joueurs mondiaux y ont été formés, notamment Sir Donald Bradman. Il est pratiqué sous deux formes, la forme traditionnelle appelée *white flannel* qui se déroule sur plusieurs jours et une version en un seul match avec des équipes vêtues de couleurs vives. Kerry Packer, l'homme le plus riche d'Australie inventa cette forme de cricket en 1977. Les puristes préfèrent les Test matches traditionnels qui attirent des milliers de supporters au Sydney Cricket Ground, chaque été.

Courses hippiques. Les courses offrent un spectacle haut en couleurs. Les bookmakers s'alignent derrière les totalisateurs de paris, portant chacun un grand sac blanc qui ressemble à une sacoche de médecin dans laquelle ils enfournent l'argent. Sydney possède quatre champs de courses: Canterbury Park, Rosehill Gardens, Warwick Farm et Royal Randwick. Le dernier est le plus proche du CBD. Les courses ont lieu toute l'année le mercredi et le samedi, les grands festivals se tiennent au printemps et à l'automne.

LES LOISIRS

Le *Sydney Morning Herald* publie un guide détachable sur les expositions et les concerts, le vendredi et sur les spectacles, le samedi, pour la semaine qui suit. Des guides hebdomadaires gratuits

Pour les habitants de Sydney, rien ne vaut un bon pari, surtout lorsqu'il est aussi excitant de regarder que de jouer.

annoncent les concerts et les spectacles de danses alternatifs; vous les trouverez dans la plupart des pubs et librairies de la ville.

Théâtre. La scène de Sydney est florissante et présente les productions grand public et alternatives. Les grandes comédies musicales et les spectacles sont à l'affiche notamment au **State Theatre** (récemment rénové et dont le décor rococo de 1929 mérite une visite) ou au **Capitol Theatre**. Consultez aussi les programmes du Belvoir Street Theatre (dont l'acteur récompensé par un Oscar, Geoffrey Rush, est le fondateur et le directeur), du Bell Shakespeare Company, du Lookout Theatre Club, du New Theatre et du Stables Theatre. N'oubliez pas le Sydney Opera House ni le Harold Park Hotel (particulièrement renommé pour ses comiques et ses lectures). Vous pouvez réserver par téléphone pour la plupart des spectacles (voir p. 109).

Ombres théâtrales au crépuscule, l'Opéra de Sydney est spectaculaire quelque soit l'angle sous lequel on l'approche.

Opéra. L'**Australian Opera**, basé à Sydney, joue au Sydney Opera House neuf mois par an (janvier, février, une partie de mars et de juin à novembre).

Danse. L'**Australian Ballet**, fondé en 1962, est basé à Melbourne, mais passe la moitié de sa saison à Sydney. La **Sydney Dance Company** (deux saisons par an) et le **Dance Exchange** sont les compagnies de danse contemporaine les plus connues de la ville. Des troupes de danses aborigènes, comme le **Bangarra Dance Theatre** et le **Aboriginal Island Dance Theatre** donnent des spectacles dans divers théâtres.

Concerts. **Sydney Opera House**, **Town Hall** et **Conservatorium of Music** sont les meilleurs endroits pour la musique «sérieuse».

Jazz, **Blues** et **Rock**. Des groupes aux noms bizarres comme le Voodoo Underpants et Vicious Hairy Mary jouent dans les pubs et les clubs de toute la ville. Les plus connus sont **Selina's** à Coogee Bay, le **Metro** dans le CBD, l'**Enmore Theatre** à

Newtown; les grands concerts ont lieu au **Hordern Pavilion** dans Moore Park ou au **Sydney Entertainment Centre**. Le **Basement in Reiby Place** près de Circular Quay est connu pour le jazz; les réservations sont indispensables. Les vendredi, samedi et dimanche, vous pouvez écouter du blues au **Harbour View Hotel** dans Lower Fort Street dans le quartier des Rocks, juste en dessous du pont en haut de George Street.

Les groupes rétro ou les groupes qui en parodient d'autres plus connus ont beaucoup de succès. Les plus récents ont ajouté à leur répertoire, l'Australian Queen Show, le ZZ Top Show, Bjorn Again (des imitateurs d'Abba), l'Australian Jimmy Hendrix Tribute et l'Australian Madonna Show.

LA VIE NOCTURNE

La liste serait trop longue et trop variée. Des discothèques aux pubs ouverts toute la nuit où l'on peut jouer au billard en buvant des bières jusqu'au lever du jour avant de reprendre sa planche de surf. Les affiches collées sur les murs et les poteaux télégraphiques dans les faubourgs annoncent les soirées dansantes, les concerts, les pièces de théâtre et les spectacles.

Les hauts lieux de la nuit changent souvent. L'un des plus curieux, le **Kinselas** sur Taylor Square dans Oxford Street, est en cours de rénovation. Pendant de nombreuses années, ce fut une entreprise de pompes funèbres. Puis cela devint un cabaret et enfin une salle de danse, où les clients sirotaient leurs martinis dans les anciennes chambres d'embaumement.

Cinéma. Les complexes de plusieurs salles sur **George Street**, au centre-ville, alternent avec les arcades de jeux vidéo. L'**Academy Twin** à Paddington et le **Valhalla** à Glebe sont spécialisés dans les films d'art et essai, les films étrangers et les rétrospectives.

Casino. **Star City**, un nouveau complexe de jeux, à peu près aussi vaste qu'un terrain de football, se trouve dans Darling Harbour à quelques pas du National Maritime Museum. Curieusement, Sydney fut la dernière ville australienne d'importance à se doter d'un casino. Pendant des décennies, les jeux se faisait dans des salles illégales. La police y faisaient souvent des descentes, mais grâce à des informateurs mystérieux, les caïds du milieu s'échappaient toujours.

Le casino de Sydney est audacieux et clinquant, avec des décors typiquement australiens comme deux larges aquariums cylindriques qui abritent quelque 800 poissons tropicaux et dont le décor rappelle la grande barrière de corail. Une autre partie du décor évoque la région du Outback, grâce à une copie du Wave Wall (un site célèbre de Western Australia) et un hôtel Outback reconstitué. Le pari favori des australiens, le *two-up* (qui se joue avec deux pièces de monnaie et remonte à l'époque des bagnards) se pratique dans le Two-up Pit, qui ressemble à une auberge de la région des mines d'or de Kalgoorlie. Vous pouvez tenter votre chance ou regarder.

Outre le jeu, Star City propose toutes sortes de loisirs. Son théâtre lyrique de 2000 places assises accueille de grandes productions et sa salle de 1000 places invite des spectacles de cabaret locaux ou internationaux.

Fox Studios. La décision de céder le Royal Agricultural Society où se tenaient les foires agricoles, à côté de Centennial Park, au groupe Fox de Rupert Murdoch fut très contestée (surtout à cause du célèbre Royal Easter Show qui s'y tenait depuis 1882). Le nouveau site comprend des studios professionnels où *Babe: Pig in the City* a été tourné, et les deux derniers épisodes de la saga de *Star Wars* y seront tournés en l'an 2000.

Un grand complexe comprenant 16 cinémas, des boutiques, des cafés et des restaurant devrait ouvrir à la fin 1999.

Le festival de Sydney

Visitez Sydney en janvier, lors du festival. Cet événement multimedia a pour ambition de présenter, en trois semaines, tout le monde du spectacle grâce à de sensationnelles pièces de théâtre, des spectacles de danse, des concerts, des expositions en plein air et des performances visuelles. Le festival culmine le 26 janvier, jour de la fête nationale. L'Opera House est, chaque année, illuminé aux couleurs du festival. Des chanteurs d'opéra de renommée mondiale, des troupes de théâtre d'avant-garde, des cinémas en plein air, des cirques et des troupes de danse gitanes se rassemblent pour cet événement et se joignent aux artistes locaux pour mettre la ville en fête. Le Domain accueille des concerts de jazz ou de musique symphonique en plein air, le samedi soir.

Le **Sydney Fringe Festival**, en parallèle du festival, propose des nuits de surf à Bondi Beach où les surfeurs et surfeuses sont

Calendrier des festivités

Janvier	Festival de Sydney
	Carnaval de surf de Manly
	Fête nationale (26 janvier)
Février	Mardi Gras gay et lesbienne
	Fosters Tamworth Country Music Festival
Mars/avril	Royal Easter Show, Homebush Bay
	ANZAC, défilé (25 avril)
Mai	Semaine de jazz de Sydney
Juin	Festival gastronomique de Manly
	Festival du Film de Sydney
Juillet	Salon nautique international
	Yulefest, Blue Mountains
Août	City to Surf Fun Run
Septembre	Festival des vents, Bondi Beach
	Open d'Australie: championnats de tennis
Octobre	1000 course automobile, Bathurst
	Festival de jazz de Manly
	Festivals des vins, Hunter Valley
Novembre	Salon du cheval de l'année
Decembre	Régate de Sydney, Hobart
	(départ le 26 décembre)

Le monorail de Darling Harbour, surnommé «monstre sur rail» par les puristes, est très apprécié des enfants.

nus sur leur planche devant 9000 spectateurs enthousiastes, comme en janvier 1999.

POUR LES ENFANTS

Sydney a beaucoup à offrir aux enfants. Les trois principales attractions sont regroupées à Darling Harbour: le **Monorail** (les enfants l'adorent), **Tumbalong Park**, et **Sega World Sydney** avec ses neuf parcours principaux et quelque 200 jeux audio et vidéo. La section Search and Discover, au deuxième étage de l'**Australian Museum**, permet aux enfants de toucher le matériel exposé, ce qui serait interdit dans la plupart des autres musées. Le **Powerhouse Museum** regorge de grosses machines qui excitent toujours les enfants. L'**Opera House** propose des programmes pour enfants, comme le Babies Proms, qui permet aux tout-petits de s'approcher des instruments (tél. 9250-7111). L'**Art Gallery of New South Wales** a une programmation spéciale pour les enfants le dimanche (tél. 9225-1700).

LES PLAISIRS DE LA TABLE

Que choisir

Empruntant aux cuisines du monde entier, la cuisine australienne moderne, qu'on appelle quelquefois «Mod Oz», utilise des produits frais et de bonne qualité. Selon, Barbara Kafka, critique gastronomique américaine et auteur de livres de recettes, «les Australiens possèdent un assortiment extraordinaire d'ingrédients d'une qualité exceptionnelle à un prix très modique».

Les immigrés, particulièrement les Italiens, ont permis, en une seule génération, de transformer le régime alimentaire des citadins de Sydney, constitué à la base de la combinaison classique viande et légumes, en une cuisine qui fusionne plusieurs influences asiatiques, méditerranéennes et même marocaine. Grâce à leurs chefs mêlant les cuisines d'Asie et d'Europe, les Australiens ont appris à apprécier une cuisine aux saveurs uniques.

En 1996, le célèbre auteur de livres de cuisine et chef, Robert Carrier, invité en Australie en tant que juge du prix Remy Martin/Australian Gourmet Traveller remis au meilleur restaurant de l'année, s'est exclamé qu'il n'avait jamais goûté pareilles subtilités et s'est émerveillé des présentations et des couleurs chatoyantes de cette cuisine. Il a conclu que Sydney comptait au moins six restaurateurs qui feraient fortune à Paris.

Les chefs australiens ont l'avantage de bénéficier d'ingrédients de qualité. La superficie de l'Australie et sa diversité climatique permettent une production de fruits et légumes incroyablement variée; on y trouve des pommes, des lychees, des mandarines, des mangues, des fraises, des mûres, des fruits de la passion et des *bok choy,* pour n'en citer que quelques-uns. Du fait des saisons et des distances qui séparent quelquefois Sydney des lieux de production, la situation n'est pas toujours parfaite et les fruits doivent voyager (par exemple, on ne trouve pas toujours de pommes bien

Difficile de choisir parmi les bonnes choses qui s'offrent à vous dans l'un des cafés de Bondi.

croquantes à Sydney), mais les chefs n'ont jamais de mal à dénicher des ingrédients qui permettent des combinaisons étonnantes qui seraient quasi impossibles à réaliser ailleurs.

En outre, vous pourrez vous régaler pour pas cher. Les restaurants aux prix raisonnables abondent à Sydney, surtout dans les faubourgs. Ce qu'on appelle les *League clubs* (restaurants où les machines à sous subventionnent la cuisine) servent des repas pour quelques dollars. C'est aussi le cas des pubs.

Bush Tucker

Ces dix dernières années, les chefs australiens ont commencé à intégrer la cuisine aborigène et les produits locaux. De mystérieux ingrédients, comme les baies de Muntari, les tomates du «bush», les prunes Illawarra, la myrte citronnée et les *lilli pillies* ont fait leur apparition sur les cartes, accompagnant souvent des plats traditionnels de viande ou de poisson. Dans leur ensemble, ces produits locaux, fruits, graines, noix, champignons, mammifères, reptiles, poissons ou oiseaux qui ont nourri les Aborigènes pendant des dizaines de milliers d'années, sont connus sous le nom de *bush tucker* (nourriture de brousse). Parmi les plus populaires, notez les *quandongs* (qui ressemblent à des pêches mais avec une tige pareille à la rhubarbe), les graines d'acacia australien (qu'on utilise dans les crèmes glacées), les prunes Kakadu (moins sucrées que les prunes habituelles) et les noix bunya bunya (délicieuses dans les sauces thaïlandaises au satay). Le kangourou et l'émeu (un

Des habitudes de l'Angleterre géorgienne

Le romancier australien à succès, Thomas Keneally, auteur de *Schindler's Ark* (qui servit de base au film de Steven Spielberg, *La liste de Schindler*), prétend que les Australiens sont demeurés géorgiens de caractère. Keneally trace plusieurs parallèles entre l'Angleterre géorgienne et l'ethos australien contemporain: notamment «une passion pour les jeux et les paris», un mélange de conservatisme et d'esprit rebelle et un certain respect pour la consommation de boissons alcoolisées.

La forte consommation de rhum des débuts de la colonie a été enrayée et les Australiens d'aujourd'hui boivent surtout du vin ou de la bière. En 1997, les Australiens se classèrent cinquième parmi les buveurs de bière mondiaux avec une consommation de 93,26 litres par tête, ce qui dénote une baisse de 5,83 litres par rapport à 1993. Au-dessus de l'Australie, il y avait la République tchèque, l'Allemagne, la Belgique et l'Angleterre. L'Australie était suivie des Etats-Unis, des Pays-Bas et de l'Espagne.

On boit quatre fois plus de bière en Australie qu'ailleurs. Un rapport de santé émis en 1999 a révélé qu'un jeune Australien âgé de 12 ans consomme environ 3,5 boissons alcoolisées par semaine, une fille du même âge en consomme en moyenne 2,3 par semaine.

cousin de l'autruche) sont devenus des mets très appréciées; ils sont maintenant élevés commercialement pour leur viande maigre riche en fibres. Les deux plats aborigènes qui n'ont pas encore trouvé leur place sur les menus australiens sont les vers *wichetti* (de gros vers trouvés généralement dans les troncs et les racines d'acacias) et les papillons *bogong* (un solide papillon migrateur, que l'on grille sur le feu et mange comme des cacahouètes).

Les vins australiens

La qualité des vins australiens est régulièrement confirmée lors des salons internationaux. L'industrie vinicole australienne a pour ambition de devenir l'une des plus profitables du monde dans les trente années à venir et de fournir la plus grande partie du marché mondial. Il faudrait, pour atteindre cet objectif, que les exportations de vins australiens augmentent considérablement. En 1997, lors d'un concours organisé sous les auspices du magazine international *Wine*, dans le cadre de la foire aux vins de Londres, un vin australien fut proclamé meilleur vin rouge de l'année et un important viticulteur australien consacré viticulteur de l'année. Les vins blancs méritent également d'être goûtés, notamment le semillon/sauvignon, l'un des mélanges les plus réputés.

De nombreux restaurants de Sydney n'ont pas la licence d'alcool et il vous faudra apporter votre vin (BYO: *bring your own*); ce qui n'est pas bien difficile dans une ville où les marchands de vins sont nombreux et leurs boutiques bien fournies. Les restaurants qui ont la licence possèdent en général une bonne cave. (Voir p. 138.)

Le nectar ambré

En Australie, la bière se boit fraîche, voire très fraîche. La bière australienne la plus connue est sans doute la Fosters lager, mais il en existe bien d'autres. Reschs, Tooheys, et VB (Victorian Bitter) sont les marques qui marchent le mieux dans les bars de Sydney. Certaines de ces marques existent en nouvelle (*new*) ou ancienne (*old*) variété; l'ancienne est en général plus brune tandis que la nouvelle est blonde. En moyenne, les bières australiennes sont alcoolisées à 4,9%. Quand on dit d'une bière qu'elle est légère (*light*), cela s'applique à sa teneur en alcool et non en calories. La loi veut que la teneur en alcool soit indiquée sur l'étiquette. .

Les bières dites «boutique», brassées en petites quantités sont assez appréciées à Sydney, comme, par exemple, la marque «Hahn». Coopers Ale, brassée dans le sud du pays, est bien distribuée. Coopers ressemble à une bière anglaise (plus froide!); elle est également assez forte (5,8% d'alcool).

De bons vins dans la vallée de Barossa. Bacchus se serait certainement plu en Australie.

Un verre de bière de 285 ml s'appelle un *middie* en New South Wales et un verre de 425 ml un *schooner*. Une petite bouteille de bière se dit *stubbie*. Un magasin de vins et d'alcool est un *bottle shop* ou *bottle-o*. Lorsque quelqu'un *shout* un verre à quelqu'un d'autre, cela signifie qu'il lui offre un verre (*can I shout you a drink?*) Lorsqu'un groupe est *in a shout*, cela veut dire que chacun paie sa tournée à tour de rôle.

Les restaurants

Le quartier des Rocks, les alentours de Circular Quay, le centre-ville et Darling Harbour rassemblent vraisemblablement les restaurants les plus prisés de Sydney. Mais ne vous limitez pas à ces quartiers car vous découvrirez des alternatives excitantes dans d'autres quartiers, comme par exemple Kings Cross, Darlinghurst, Paddington et Newton. Oxford Street à Darlinghurst (à une courte distance de Circular Quay par le CityRail) est bordée de petits restaurants qui proposent une excellente cuisine asiatique et des fruits de mer à des prix très modiques. Ils sont concentrés, pour la plupart, sur un pâté de maisons à l'ouest de Taylor Square qui ressemble d'ailleurs plus à un carrefour qu'à une place. Le quartier ne paie pas de mine, mais les restaurants valent le détour.

Crown Street, une rue qui part d'Oxford Street à un pâté de maisons à l'ouest de Taylor Square, se développe et vous y découvrirez les pubs élégants, comme le Dolphin, le Clock, ainsi qu'un lieu très à la mode, le MG Café, où l'on dîne dans une salle d'exposition de voitures de sports.

En allant vers le sud, sur Crown Street, vous trouverez à Surry Hills trois restaurants japonais, quatre *pide* turques (où l'on sert des pizzas turques), plusieurs restaurants indiens, une pizzeria au feu de bois, deux ou trois restaurants thaïlandais et Georgio, un

café au nom italien, qui appartient à un Grec et dont le gérant est originaire de Glasgow. A deux pas de là, sur Cleveland Street (vers l'intersection avec Elizabeth Street), sont installés quelques restaurants libanais d'un bon rapport qualité-prix.

Parmi les quartiers à explorer lorsque vous cherchez un endroit pour dîner, n'oubliez pas Kings Cross où abondent les restaurants et les cafés au style étonnant, surtout le long de Victoria Street; East Sydney, près du Central Business District, renommé pour ses restaurants italiens et ses restaurants de cuisine australienne mo-

Vue imprenable! Sydney ne manque pas de coins où déjeuner en se délectant de la beauté du port.

derne, Mod Oz; le faubourg de Newton à l'ouest qui compte sans doute le plus grand nombre de restaurants ethniques, allant du grec ou de l'italien au turc, chinois, mongole ou thaïlandais. Bondi Beach, au sud, est célèbre pour ses restaurants de fruits de mer. Sur la côte nord, essayez plutôt McMahon's Point et Crows Nest.

Le marché aux poissons de Sydney

Le marché aux poissons de Sydney, dans Blackwattle Bay à Pyrmont (juste à l'ouest de Darling Harbour), est très animé et mérite une visite. Le thon australien, le saumon de Tasmanie et les crabes bleus s'envolent vers le Tsukiji Market de Tokyo peu de temps après avoir été pêchés, mais une bonne partie de la pêche quotidienne est vendue en gros lors de la criée matinale sur le marché ou au détail chez les poissonniers qui bordent le quai. Vous pouvez vous offrir un excellent repas de poissons en vous promenant entre les étals qui proposent des huîtres crues toutes fraîches sur un lit de glace ou des assiettes de fruits de mer grillés (*al fresco*). Le meilleur déjeuner est aussi le plus simple: achetez un kilo de crevettes cuites, prenez une bouteille de vin blanc bien sec, installez vous à une table sur les docks et dégustez votre festin en admirant les bateaux à l'ancre et les vols de pélicans. Peu de marchés au monde rassemblent autant de variétés de poissons de mer ou de rivière et de coquillages. Lancez-vous à l'aventure et essayez quelque chose de nouveau, comme, par exemple, des *bugs* de Balmain qui sont des crustacés marins qui ressemblent aux écrevisses. Ils sont très appréciés des habitants de Sydney. Ces derniers aiment aussi les *yabbies* (de vraies écrevisses locales), les langoustes de Tasmanie, les bébés poulpes, les *barramundis* de rivière et les crevettes royales (*King prawns*). Il est également possible de trouver des filets de crocodile.

Vous pouvez facilement aller à pied de Darling Harbour au marché, sinon vous pouvez prendre le nouveau tramway, Light Rail, qui part de Central Station.

INDEX

Informations pratiques

A

AEROPORTS

L'aéroport de Sydney est à 10 km environ du centre-ville. C'est l'aéroport international le plus fréquenté d'Australie. Au cours des dernières années, l'infrastructure a été rénovée de façon à pourvoir accueillir plus de boutiques, de restaurants, de bars et d'espace de promenade. Une liaison ferroviaire entre l'aéroport et la gare centrale de Sydney devrait être ouverte en mai 2000, environ trois mois avant le début des Jeux Olympiques. Cette ligne de 10 km desservira cinq stations, dont l'aéroport international et un aérogare pour les vols domestiques. La nouvelle autoroute reliant le centre-ville à l'aéroport international devrait être terminée en janvier 2000 et une route surélevée desservant le terminal domestique devrait améliorer la circulation aux alentours de l'aéroport en doublant la capacité actuelle de l'infrastructure routière.

Les passagers qui arrivent à l'aéroport de Sydney peuvent rejoindre la ville en taxi (10-20 min) ou en bus (20-30 min). Le service de bus dessert également les principaux hôtels. Notez qu'il faut prendre une navette pour aller du terminal international au terminal domestique.

Il est également possible d'arriver en Australie en atterrissant à Melbourne, Brisbane, Cairns, Darwin et Perth; toutes ces villes ont des liaisons directes avec Sydney ou avec les aéroports domestiques d'Adelaïde, Hobart et Townsville.

AMBASSADES, CONSULATS et HAUTS-COMMISSARIATS

Les ambassades et les hauts-commissariats de 70 pays sont installés à Canberra, la capitale nationale. Toutes ont des sections consulaires chargées du renouvellement des passeports, des visas et autres formalités. Plus de quarante pays maintiennent également une mission diplomatique à Sydney. Voici quelques adresses de consulats:

Belgique: 12A Trelawney Street, Wollahra, Sydney NSW 2025; tél. (02) 9327 8377

France: Level 26, St. Martins Tower, 31 Market Street, Sydney NSW 2000; tél. (02) 9261 5931

Suisse: Suite 2301 Plaza 11, 500 Oxford Street, Bondi Junction NSW 2022; tél. (02) 9369 4244

Canada: Level 5, Quay West Building, 111 Harrington Street, Sydney NSW 2000; tél. (02) 9364 3050

ARGENT

Monnaie. Vous n'avez pas besoin de sortir votre carte de crédit pour payer avec du plastique en Australie, puisque les billets australiens sont en plastique et authentifiables à leurs fenêtres transparentes qui tiennent lieu des habituels filigranes. L'unité monétaire est le dollar australien, divisé en 100 centimes (cents). Il existe des billets de $100, $50, $20, $10 et $5. Les pièces sont réparties entre 5c, 10c, 20c, 50c, $1 et $2. Les cartes de crédit, American Express, Bankcard, MasterCard, Visa et Diners Club sont largement acceptées en ville, mais le sont moins facilement dans les petites villes, les régions reculées et les petites boutiques.

Bureaux de change. Vous trouverez des bureaux de change dans tous les aéroports internationaux. La plupart des banques acceptent de changer les billets étrangers et les traveller's checks. Encaissez de préférence vos traveller's checks dans les banques ou les grands hôtels. Certaines banques vous compteront des frais pour ce service, mais plus rien n'est gratuit dans les banques australiennes.

Distributeurs de billets. Ils sont très utilisés et on en trouve partout. Si votre carte de crédit ou de retrait est validée pour les retraits à l'étranger, vous pourrez les utiliser très facilement en utilisant le même code secret que dans votre pays. Le paiement électronique (EFTPOS) est pratiqué par tous les grands magasins.

Pour equilibrer votre budget

Au cours des années 1990, l'inflation est demeurée faible en Australie et le prix des repas, des logements et des billets d'entrée sont en général raisonnables. Un plat de nouilles chinoises ou de pâtes dans un restaurant de moyenne gamme coûte environ $A8. Les prix d'une bouteille de vin australien dans une boutique de vins et d'alcool commencent à $A8. Une choppe de bière de 260 ml dans un pub vaut $A2,50 pour les moins chères, une tasse de thé ou de café environ $A2. L'entrée dans les musées ou galeries peut être gratuite, les tarifs vont jusqu'à $A12 par personne pour les plus chers.

Les choses risquent de changer après l'instauration de la TVA de 10% que le gouvernement du Premier ministre, John Howard, a l'intention de prélever sur tous les biens et services (alimentation comprise) à partir de l'an 2000.

Coût des transports. Les billets d'avion sont relativement chers mais les passagers internationaux peuvent bénéficier de réductions sur les vols intérieurs; cela dépend de la compagnie avec laquelle ils sont arrivés et du type de billet. Toutefois les tarifs internationaux et domestiques ont baissé ces dix dernières années. Par ailleurs, sur les distances courtes, le train est assez compétitif. Countrylink, la compagnie de chemins de fer du NSW, propose un biller aller-retour pour Canberra, tarif économique, pour $80 sur une distance de 560 km environ. Le coût moyen d'une visite guidée en bus d'une demi-journée est entre $A36 et $A50 par personne. Une excursion en bateau jusqu'à la Great Barrier Reef (grande barrière de Corail) coûtera de $A50 à $A150 par personne. Au début de l'année 1999, l'essence valait approximativement $A0,80 le litre, un peu moins que dans la plupart des pays européens. La location d'une berline est de $A45 par jour, celle d'un camping-car (couchage pour deux personnes) de $A100 environ par jour. Les sites caravaniers prennent un peu moins de A$15 la nuit.

Prix des chambres. Une chambre dans une auberge de jeunesse coûte entre $A15 et $A20 la nuit. Le plus bas prix pour une chambre dans un hôtel cinq étoiles est de $A250 la nuit. Vous trouverez à Sydney de nombreuses possibilités de logement (voir p. 129). L'état du NSW impose une taxe de lit de 10% sur les hôtels de Sydney, mais celle-ci ne s'applique qu'au centre-ville et non à Bondi, par exemple.

Auberges de jeunesse. Elles sont de deux types: les auberges de jeunesse privées et les YHA (Youth Hostel Association). Les chambres qu'elles proposent coûtent environ A$20 la nuit. L'association YHA est la plus grosse organisation d'hébergement de toute l'Australie; elle gère plus de 130 auberges dans tous les coins du territoire. Le terme jeunesse n'est pas restrictif et les auberges sont ouvertes à toutes les classes d'âge. Vous y trouverez en général des chambres ou dortoirs, des cuisines communautaires et des pièces communes où vous pouvez rencontrer les autres résidents. Vous pouvez vous inscrire à l'YHA dans votre pays de départ ou à votre arrivée en Australie. Renseignez-vous auprès de l'YHA pour obtenir la brochure de bienvenue et la liste des auberges: 422 Kent Street, Sydney, NSW 2001; tél. (02) 9261-1111, fax (02) 9261-1969.

L'YHA est quasiment l'équivalent du YMCA américain, si ce n'est que vous n'avez pas besoin d'être jeune ou chrétien pour en profiter. Les auberges sont sûres, confortables, bon marché et la plupart du temps situées au centre-ville. Les mêmes règles s'appliquent que dans les YMCA/YWCA.

B

BILLETS de SPECTACLE

Les billets achetés d'avance au guichet sont généralement les moins chers. Sinon, il existe deux grandes agences de réservations, FirstCall, tél. (02) 9320-9000, ou Ticketek, tél. (02) 9260-0260. Vous pouvez également tenter votre chance au Halftix booth, qui vend des billets à prix réduits pour les spectacles du jour (pas pour tous). L'existence du Halftix booth qui se trouve sur Martin Place était menacée à l'heure de la mise sous presse; téléphonez au 1900-926-655 pour vérifier l'emplacement du guichet et les spectacles proposés.

BLANCHISSERIE et TEINTURERIE

Les hôtels et motels proposent généralement ces services en 24h pour leurs clients, mais c'est assez cher. Renseignez-vous à la réception, auprès du portier ou de la femme de chambre. De nombreux hôtels et motels sont également équipés de laveries automatiques en libre-service et de séchoirs. Vous trouverez souvent un fer et une table à repasser dans les chambres.

C

CAMPING

Les Australiens adorent camper et vous trouverez des terrains de camping dans tout le pays. Ils sont en général bondés pendant les vacances scolaires. Les terrains sont bien équipés et certains, outre les tentes spacieuses avec un sol en dur et l'électricité, louent des caravanes ou des cases. Partout vous trouverez des douches, des toilettes, des laveries et des barbecues. Il est également possible de louer des draps et des couvertures. Dans les parcs nationaux, un site est aménagé pour les campeurs. Pour planter votre tente en dehors de ce site, il vous faudra obtenir l'autorisation des gardes forestiers. Le camping du Basin, sur la rive du Pittwater dans le parc national de Ku-Ring-Gai Chase, non loin de la ville, est très agréable. De nombreux tours en bus proposent une halte camping, mais vous pouvez aussi louer un camping-car ou un mobile home à la journée ou à la semaine (voir LOCATION DE VOITURES).

CARTES et PLANS

Les offices du tourisme fédéraux et locaux offrent gratuitement des cartes de leurs régions. Vous trouverez également des plans détaillés de Darling Harbour ou des horaires des différents réseaux de ferries. Les compagnies de location de voitures fournissent souvent des annuaires des rues qui détaillent les rues et les sites intéressants. Pour des plans plus précis, vous pouvez également acheter le *Gregory's Street Directory* dans un kiosque à journaux ou une librairie.

CLIMAT et HABILLEMENT

Climat. Le climat de Sydney est tempéré et les températures sont clémentes. Toutefois, à la fin de l'été, le pourcentage d'humidité est assez élevé, 69%, ce qui fait de Sydney la ville australienne la plus humide, en dehors de la ville tropicale de Darwin, à l'extrême nord. La brise océane maintient une température agréable dans les faubourgs qui bordent la côte. Les mois de février et de mars sont les plus étouffants et les préférés des moustiques, une nuisance qui n'est pas dangereuse pour autant.

Les pluies tombent en averses tropicales. Les saisons sont inversées par rapport à l'hémisphère nord, l'hiver s'étend de juin à août. Avril et mai sont aussi agréables que les mois de printemps en Europe. La nuit tombe vite à Sydney, même au milieu de l'été. Les coins reculés du NSW sont en général très chauds de décembre à février. Voici une estimation, mois par mois, des températures à Sydney:

	J	F	M	A	M	J	J	A	S	O	N	D
Max °C	26	26	25	22	19	17	16	18	20	22	24	25
Min °C	18	19	17	15	11	9	8	9	11	13	15	17

Habillement. Quelque soit votre itinéraire et la saison de votre voyage, n'emportez pas de manteau. Un pull-over sera utile, même en été, car après une journée au soleil, la brise nocturne vous semblera fraîche. Un imperméable léger sera le bienvenu en toute saison. Et vous aurez toujours besoin d'un paire de chaussures de marche confortables. Si les habitants de Sydney s'habillent de manière très décontractée le week-end (shorts, chemisette ou T-shirt, baskets ou sandales), ils sont très conservateurs dans leur tenue professionnelle. La tenue professionnelle à Sydney n'est pas encore complètement adaptée au climat et les cols ouverts, en vigueur en Israël ou aux Philippines, ne sont pas encore acceptés.

Les restaurants n'exigent plus que les hommes portent des vestes et des cravates, mais certains établissement refusent encore les clients en T-Shirts, débardeurs ou jeans déchirés. Pour entrer dans les clubs, il vous faudra porter une chemise à col et des chaussures fermées.

COMMENT y ALLER

En avion

Des vols au départ d'Asie, d'Amérique du nord et d'Europe desservent les aéroports internationaux d'Australie, dont Sydney est le plus fréquenté. L'Australie est une destination qui fait partie des billets «autour du monde», qui permettent aux voyageurs de bénéficier de tarifs réduits autour du monde sur une ou deux compagnies, à condition qu'ils complètent leur périple en une année et se déplacent toujours dans le même sens. Le voyage de Bruxelles, Paris ou Genève dure environ 24h; 26h depuis Montréal.

Au départ de la Belgique. Il n'y a pas de vols directs entre Bruxelles et l'Australie; il faut passer par Londres, Amsterdam ou Francfort, d'où des avions décollent quotidiennement à destination de Sydney.

Au départ du Canada. Les liaisons entre Montréal et l'Australie s'effectuent via Los Angeles ou Vancouver et Honolulu (pour Sydney). Les vols sont quotidiens.

Sydney

Au départ de la France. Quatre vols hebdomadaires desservent Sydney au départ de Paris, avec escales soit à Francfort, Bangkok et Singapour, soit à Singapour et Djakarta.

Au départ de la Suisse. Selon la saison, quatre à cinq liaisons hebdomadaires relient Genève à Sydney, avec escales à Bangkok et Singapour.

En bateau

Nombre de ports australiens, notamment Sydney et Cairns, figurent sur les itinéraires de croisière. Vous pouvez donc prendre l'avion jusqu'à Bali ou Singapour, par exemple, puis prendre un bateau pour l'Australie. Au retour vous pouvez prendre l'avion directement de l'Australie ou reprendre votre croisière vers un autre port.

CONDUIRE à SYDNEY

En Australie, comme en Angleterre, en Nouvelle-Zélande, au Japon et dans nombre de pays asiatiques, la conduite est à gauche, ce qui signifie que le volant est à droite et que l'on double à droite. Les routes australiennes sont plutôt bonnes compte tenu de la taille du pays, du climat et du terrain. Les autoroutes relient les régions peuplées, mais la plupart des routes intérieures sont des nationales à deux voies où la circulation est parfois dense aux heures de pointe.

Code de la route. Les conducteurs et les passagers doivent boucler leur ceinture de sécurité. (A la seule exception des cars dont beaucoup sont néanmoins équipés de ceintures). Les compagnies de location de voitures fournissent des séparations pour les enfants ou des sièges de bébé pour un coût supplémentaire. Les touristes peuvent conduire en Australie avec leur permis national valide, pour la même classe de véhicule, ils doivent pouvoir présenter leur permis à tout moment et si celui-ci n'est pas en anglais, ils doivent fournir une traduction. Un permis international ne suffit pas par lui même et doit être accompagné du permis national.

La vitesse est limitée dans les zones habitées à 60 km/h, et parfois réduite sur certaines rues à 40 km/h. Dans l'Etat du NSW, la vitesse est limitée à 110 km/h sur les petites routes. La police contrôle la conduite en état d'ivresse ou sous narcotiques en faisant passer, au hasard, des tests d'haleine. Le taux maximal d'alcool dans le sang est de 0,05, ce qui revient à peu près à trois verres de vin ou trois moyennes choppes (*middies*) de bière en une heure. Si vous avez moins de 25 ans et n'avez votre permis que depuis trois ans, votre taux d'alcoolémie doit être inférieur à 0,02, ce qui ne vous permet pas de boire du tout.

Conduire en ville. Les embouteillages et les problèmes de parking rendent le centre-ville difficile. C'est sans doute ce qui rend les habitants impatients au volant et explique leur tendance, quand la route le permet, à rouler trop vite en-dehors de la ville. Les parcmètres et les zones de stationnement interdit se multiplient.

Conduire à la campagne. Vérifiez bien l'état de votre voiture, assurez-vous que vous avez une roue de secours et de l'eau potable en quantité. Localisez à l'avance les pompes à essence sur votre route, informez toujours quelqu'un de votre destination et de l'heure à laquelle vous pensez arriver. Faites le plein dès que vous en avez l'occasion, car la prochaine station-service sera peut-être à plus de 100 km. Certaines routes de terre sont bien lisses, ce qui peut vous pousser à rouler vite, mais méfiez-vous car les conditions peuvent changer d'un seul coup. Faites bien attention aux convois de trois ou quatre remorques tirées par un camion puissant que l'on croise sur les autoroutes et les nationales. Si vous décidez de doubler, soyez extrêmement prudent.

Essence. La plupart des stations-service sont ouvertes aux heures ouvrables générales, renseignez-vous sur celles qui sont ouvertes plus longtemps. Vous trouverez du super, avec ou sans plomb, normal ou premium. L'essence est vendue au litre. Au début de l'année 1999, elle valait entre A$0,70 et A$0,80 le litre; le sans plomb coûtait 2¢ de moins par litre. Les prix sont souvent plus élevés dans les coins reculés. La plupart des stations-service acceptent les cartes de crédit.

Signalisation. Elle est généralement bonne, particulièrement sur les routes très fréquentées. Toutes les distances sont mesurées en kilomètres. Les sites touristiques sont en général signalés par le traditionnel symbole marron. Pour rejoindre le centre-ville, suivez simplement les panneaux indiquant «City». C'est quelquefois moins facile de sortir de la ville: les panneaux supposent souvent que les conducteurs connaissent la région, équipez-vous d'un plan et repérez à l'avance votre route. La plupart des panneaux sont en accord avec la signalisation internationale, mais certains sont particuliers à l'Australie, notamment ceux qui portent des silhouettes de kangourous ou de wombats qui signalent que ces animaux peuvent traverser la voie. Voici quelques inscriptions notables :

Crest steep	Sommet limitant la visibilité
Cyclist hazard	Danger pour les cyclistes
Dip	Nids de poule profonds
Hump	Ralentisseurs
Safety Ramp	Voie de sécurité sur une route en pente escarpée
Soft Edges	Bas-côtés instables

D

DECALAGE HORAIRE

L'Australie s'étend sur trois fuseaux horaires: l'Australian Eastern Standard Time (EST), en vigueur dans le New South Wales, l'Australian Capital Territory, Queensland, Victoria et Tasmanie; le Central Standard Time (CST) en South Australia et dans le Northern Territory; et le Western Standard Time (WST) en Western Australia. CST est 30 minutes en retard sur EST, tandis que le WST est deux heures en retard sur le EST. L'heure d'été (pendant laquelle les horloges sont avancées d'une heure) est appliquée dans le New South Wales, l'Australian Capital Territory (Canberra et les alentours), Victoria et South Australia de la fin octobre à la fin mars, en Tasmanie de début octobre à mars. Le Northern Territory, Western Australia et Queensland ne changent pas d'heure pendant l'été.

Sydney est sur l'EST (TU + 10), soit 11 heures en avance sur Paris, 15 heures sur Montréal.

DOUANES et FORMALITES d'ENTREE et de SORTIE

Tous les visiteurs, sauf les Néo-Zélandais, doivent être munis d'un visa. Les professionnels du tourisme se battent contre cette législation archaïque, mais leurs efforts sont, pour le moment, restés vains.

L'agence de tourisme australienne (ETA) autorise les agents de voyage à délivrer électroniquement des «visas invisibles» aux visiteurs au moment de l'achat de leurs billets. Cette mesure a permis de réduire considérablement les files d'attente devant les guichets de l'immigration à l'aéroport de Sydney. La formalité prend maintenant moins d'une minute par personne.

L'ETA vous évite également de chercher l'ambassade ou le consulat australien dans votre pays. Plus de formulaires à remplir ni de files d'attente, vous obtenez votre visa 10 secondes après que l'agent de voyages ait entré les données de votre passeport dans l'ordinateur. Cette formalité peut être remplie aussi bien au téléphone. Les touristes et les voyageurs, qui rendent visite à des amis ou à de la famille et ne désirent pas rester plus de trois mois dans le pays à chacune de leur visite sur une période de 12 mois, doivent faire la demande d'un visa touristique gratuit de l'ETA (Type V). Ceux qui voyagent pour affaires doivent se renseigner pour déterminer le type de visa dont ils ont besoin, soit BL ou BS.

Si vous désirez prolonger votre visite au-delà de trois mois, il vous faudra prendre contact avec le département de l'Immigration et des Affaires multiculturelles avant l'expiration de votre visa touristique.

L'Australie a une clause de réciprocité avec le Canada, l'Irlande, le Japon, la Corée du Sud, Malte, les Pays-Bas et le Royaume-Uni, qui permet aux ressortissants de ces pays de travailler en Australie pendant leurs vacances. Pour en bénéficier, il faut être âgé de 18 à 25 ans (sous certaines circonstances particulières de 26 à 30), être célibataire ou marié sans enfant. Ce type de visas permet de travailler en Australie pendant trois mois consécutifs sur une période maximale d'un an.

Formalités d'entrée. Avant l'atterrissage en Australie, vous aurez à remplir les formulaires d'entrée et à certifier que vous n'essayez pas d'importer des aliments, des armes, des drogues et d'autres articles interdits dans le pays. Vous remplirez également un formulaire d'immigration. Il n'y a pas de vaccinations obligatoires, sauf si vous avez visité un pays ou une région infectés par la fièvre jaune moins de six jours avant votre arrivée. On vous demandera peut-être de montrer votre billet de retour et de prouver que vous avez des fonds suffisants pour la durée de votre séjour.

Formalités de sortie. La taxe de départ est maintenant comprise dans le prix des billets (une mesure qui a été très contestée par les compagnies aériennes). Vous devrez remplir un formulaire de départ avant de quitter le pays. Si vous détenez l'équivalent de A$10 000 en devises, vous devrez faire une déclaration à la douane.

Hors-taxe. Toute personne âgée de plus de 18 ans est autorisée à importer l'équivalent de $A400 de marchandises diverses, en dehors de l'alcool et des cigarettes; 1,125 ml d'alcool (comprenant vin, bière ou spiritueux) et 250 cigarettes ou 250 gr de tabac.

E

ELECTRICITE

Toutes les installations électriques sont en 230-250 volt, 50-cycle AC. Les prises à trois branches en forme d'empreinte d'oiseau sont communément utilisées. Munissez-vous d'un adaptateur. De nombreux hôtels ont également des prises en 100-volt pour les rasoirs et autre petit électroménager.

G

GUIDES et EXCURSIONS

Les opérateurs proposent de multiples excursions, d'une demi-journée ou de plusieurs jours dans l'Outback. Les croisières portuaires vont des simples tours dans le port aux visites de sites historiques, comme Fort Denison. Vous trouverez également des visites à pied du quartier des Rocks, des excursions à vélo, ou d'autres excursions spécialisées, par exemple pour les amoureux de la vie sauvage.

H

HORAIRES

Les banques. Elles sont généralement ouvertes de 9h30 à 16h du lundi au jeudi et de 9h30 à 17h le vendredi. Certaines agences sont également ouvertes le samedi matin, mais ne comptez pas dessus. Les bureaux de change de l'aéroport de Sydney sont ouverts en permanence.

Les bureaux de poste. Du lundi au vendredi de 9h à 17h. (Voir POSTES ET TELECOMMUNICATIONS.)

Les boutiques. Les grands magasins sont ouverts de 9h à 17h30 du lundi au vendredi et de 9h à 16h le samedi. Le jeudi, les magasins sont ouverts en nocturne jusqu'à 20h ou 21h. Les soirs de nocturne peuvent être différents dans certains faubourgs. Les grands centres commerciaux, comme le Queen Victoria Building et Harbourside sont ouverts sept jours sur sept.

Les bars, pubs et hôtels. Les horaires varient mais, en règle générale, les pubs sont ouverts de 10h à 22h ou 23h du lundi au samedi. La plupart des pubs ouvrent à midi le dimanche. (Certains pubs comme le Crown à l'angle de Cleveland et de Crown Street, à Surry Hills, ne ferment jamais.) Les discothèques sont ouvertes jusqu'au petit matin.

HOTELS et LOGEMENT
(Voir aussi CAMPING et AUBERGES DE JEUNESSE)

Le nombre de chambres d'hôtel disponibles à Sydney augmente rapidement à l'approche des Jeux Olympiques, ce qui a provoqué une stabilisation, voire une baisse des prix. Les chaînes d'hôtels ayant des établissements en ville sont, notamment, Accor Asia Pacific, Southern Pacific Hotels Corporation (SPHC), les Rydges Hotels basés en Australie, Sheraton, Hyatt International, Hilton International, Regent International, ainsi que les groupes japonais ANA et Nikko. Les grands cinq étoiles du centre-ville sont le Regent, l'ANA, le Sheraton sur le parc, le Ritz-Carlton, le Hilton et le Wentworth (qui fait partie des Rydges).

Les bureaux à l'étranger de l'Australian Tourist Commission proposent des listes d'hôtels et de motels et vous pouvez réserver par l'intermédiaire de votre agent de voyages ou de votre compagnie aérienne. A l'intérieur de l'Australie, vous pouvez réserver par l'intermédiaire des offices du tourisme, des compagnies aériennes intérieures et des chaînes hôtelières. Il est plus difficile de trouver des chambres quand les Australiens sont eux-mêmes en vacances, notamment pendant les vacances scolaires. Les dates de celles-ci diffèrent suivant les Etats en dehors des vacances d'été (de décembre à février) durant lesquelles toutes les écoles du pays sont fermées. Les bureaux de l'Australian Tourist Commission peuvent vous fournir des détails sur le calendrier des vacances (voir OFFICES DU TOURISME).

J

JOURS FERIES

1er janvier	*Jour de l'An*
26 janvier	*Fête nationale*
Mars/avril	*Vendredi saint, samedi saint, lundi de Pâques*
25 avril	*Jour de l'Anzac (corps d'armée australiens et néo-zélandais)*
Juin (2e lundi)	*Anniversaire de la reine*
25 décembre	*Noël*
26 décembre	*Boxing Day*

Il y a quatre périodes de vacances scolaires par an, la plus longue étant l'été, fin décembre et tout le mois de janvier.

L

LANGUE

L'Australien est parlé partout. Le vernaculaire est quelquefois appelé *Strine,* ce qui reproduit à peu près la prononciation d'«Australian» avec un fort accent. Les Australiens cultivés et éduqués ont tendance à parler une langue aux accents plus neutres; pour des oreilles américaines ou européennes, le Strine sonne comme un accent Cockney très prononcé et nasal. Les étrangers qui font très attention arrivent en général à comprendre ce qu'on leur dit, surtout quand ils n'hésitent pas à faire répéter.

Des stations de radios multiculturelles diffusent des programmes en plus de cinquante langues différentes. Ceux qui ne parlent pas anglais peuvent se faire aider par un système d'assistance téléphonique, le Translating and Interpreting Service (TIS), qui permet de traduire les coups de téléphones vitaux. TIS (tél. 131-450) fonctionne 24h sur 24h dans toutes les grandes villes pour le prix d'une communication locale. Il arrive parfois qu'une taxe à la traduction s'applique ou que la communication soit majorée.

LOCATION de BICYCLETTES

La plupart des grandes villes australiennes tiennent compte des cyclistes. Les rues de Sydney sont embouteillées, mais les autorités de la ville ont fait des efforts plus que cosmétiques pour servir la communauté des cyclistes. Des pistes cyclables sont marquées sur certaines rues du centre, mais les automobilistes ont tendance à les ignorer. Faites attention en roulant à la fente de drainage qui court souvent parallèle au caniveau! Vous pouvez louer des bicyclettes à Sydney ou dans les faubourgs ou vous inscrire à une excursion qui fournit les bicyclettes, le logement et la nourriture, en sus de la visite d'un site touristique. Le port du casque est obligatoire pour les cyclistes. Vous trouverez toutes les informations et les brochures nécessaires à Bicycle New South Wales, tél. (02) 9283-5200.

LOCATION de VOITURES

Dans le centre de Sydney, du fait des embouteillages et du manque de parking, mieux vaut ne pas avoir de voiture. Toutefois, pour visiter la campagne australienne à votre propre rythme, il n'y a rien de mieux qu'une voiture ou qu'un 4x4. La compétition qui règne entre les compagnies de location vous permettra souvent de trouver des tarifs économiques ou des offres spéciales. Le kilométrage illimité est pratique courante et vous trouverez même des tarifs spéciaux pour les week-ends. En revanche, si vous déclarez votre intention de visiter des coins reculés, les prix risquent d'augmenter. En général, cela vaut la peine de se renseigner auprès de plusieurs agences. Faites bien attention car certaines compagnies restreignent l'utilisation de leurs véhicules aux limites de la ville. Vérifiez avant car votre assurance n'est pas valable en dehors de ces restrictions.

Pour louer une voiture, vous devez être en possession d'un permis de conduire australien ou étranger ou international. L'âge minimum requis est de 21 ans ou quelquefois de 25. L'assurance au tiers provisionnel est automatique; mais vous devrez payer un supplément pour une assurance personnelle et une assurance tous risques.

Vous pouvez louer une voiture dans une ville et la rendre dans une autre. Les grandes firmes comme Avis, Hertz, Thrifty et Budget, qui ont également des antennes dans les aéroports, permettent des arrangements d'Etat à Etat. Vous pouvez également louer des cam-

ping-cars et des caravanes, mais ils sont réservés longtemps à l'a-
vance pendant les périodes de vacances scolaires.

M

MEDIAS

Journaux. Le *Sydney Morning Herald,* le plus grand quotidien de
Sydney, publie un programme de télévision le lundi, un guide des
restaurants et de recettes intitulé *Good Living*, le mardi, et un guide
des spectacles intitulé *Metro*, le vendredi. Les autres quotidiens sont
le *Daily Telegraph,* l'*Australian* et l'*Australian Financial Review.*
Les deux derniers sont des journaux à diffusion nationale. Des
dizaines de périodiques à destination des communautés immigrées
sont publiés dans diverses langues. Les kiosques spécialisés de
Sydney vendent des journaux arrivés par avion de l'étranger.

Radio et télévision. En excluant le câble, cinq chaînes sont accessibles partout: ABC (chaîne 2) est une chaîne subventionnée par les
impôts qui ne diffuse aucune publicité; la chaîne 9 est la plus
regardée; les autres sont la 7 et la 10. La plus intéressante est SBS,
qui diffuse des films étrangers en version sous-titrée, des documen-
taires, des matches de sports européens et des émissions d'information qui analysent essentiellement l'information internationale.

Les stations AM sont ABC Radio National (576AM), dont les programmes sont de bonne qualité, ABC Parliamentary et News Network
(630AM), qui se concentrent sur l'information internationale, ABC
2BL (702AM) qui est la station la plus appréciée des stations ABC
(subventionnées), notamment les émissions *good morning news* et
current affairs. SBS Radio (1386AM) diffuse des programmes à l'intention des communautés dans leur langue d'origine. Les stations FM
sont, notamment, Sydney Information Radio (87.8FM), qui diffuse
pour les touristes et à l'intérieur de la ville uniquement. Les deux
meilleures stations FM de musique classique sont 2MBS (102.5FM)
et Classic FM (92.9FM). Les deux meilleures stations FM de
musiques de variétés sont Triple J (105.7FM) et MMM (104.9FM).

OFFICES du TOURISME

Le bureau central de l'Australian Tourist Commission (ATC) se trouve au niveau 4, 80 William Street, Woolloomooloo, Sydney, NSW 2011; tél. (02) 9360-1111, fax (02) 9331-2538

L'ATC emploie des conseillers qui peuvent répondre à toutes vos questions sur l'Australie. Sur place, ces conseillers peuvent vous aider à choisir votre itinéraire ou à dénicher l'excursion qui vous intéresse le plus. Vous pouvez les contacter par email en utilisant le formulaire disponible sur le site Internet de l'ATC: http://www.aussie.net.au. Vous recevrez votre réponse sous 24 ou 48 heures.

Même dans la plus petite ville d'Australie, vous trouverez toujours un office du tourisme où vous procurer des cartes et des conseils gratuits. Ils sont signalés par le sigle international «I».

Il existe également un service multilingue (Aussie Helpline) que vous pouvez contacter, à Londres, pour obtenir des informations (tél.171-940 5200, fax 171-940 5221).

POIDS et MESURES

Le système métrique est en vigueur en Australie.

POLICE

Chaque Etat est doté de sa propre police qui couvre les zones urbaines et rurales. La police fédérale australienne, basée à Canberra, est compétente sur les propriétés du gouvernement, y compris les aéroports. Elle est également compétente pour les affaires de stupéfiants et le crime organisé. Les policiers de Sydney sont en général serviables et courtois. Le numéro de police secours est le 000.

POSTES et TELECOMMUNICATIONS

Postes. Les bureaux de poste australiens sont signalés par un panneau indiquant «Australia Post» et sont, pour la plupart, ouverts de 9h à 17h du lundi au vendredi. La Poste centrale de Sydney (GPO), sur Pitt

Sydney

Street près de Martin Place, est ouverte de 8h15 à 17h30 du lundi au vendredi et de 8h30 à 12h le samedi. Elle sert également de poste restante, munissez-vous d'une pièce d'identité pour retirer votre courrier.

Les cartes postales pour l'Europe coûtent $1. Les lettres coûtent $1,20 pour l'Europe et les aérogrammes internationaux coûtent 70 cents, quelle que soit leur destination. Vous trouverez des timbres à la réception des hôtels et des motels, ainsi que chez certains détaillants. Les boîtes aux lettres australiennes sont rouges et marquées du logo de la poste. La plupart des bureaux de poste et des hôtels vous permettent d'envoyer des télécopies. Il existe quelques *cyber* cafés dans Sydney, notamment à l'hôtel Sweeney dans le CBD (à l'angle de Clarence et de Druitt Street), ainsi que dans Kings Cross et dans l'Australian Museum.

Téléphone. Le code pour l'Australie est le 61 et celui de Sydney, le 2. Pour appeler Sydney d'un autre pays, composez le code d'accès international (00 en France), puis le 612, suivi du numéro. Le réseau téléphonique australien, géré par Telstra (anciennement Telecom Australia) est assez sophistiqué ; vous pouvez faire n'importe quel numéro, de n'importe où dans le pays, même le coin le plus reculé, et vous aurez une ligne claire. La plupart des chambres d'hôtels sont équipées de téléphones qui vous permettent de téléphoner directement dans tout le pays (STD) ou à l'étranger (IDD) (le prix des communications téléphoniques y est en général beaucoup plus élevé).

Le coût de base d'une communication locale dans une cabine publique est de 40 cents. Vous pouvez téléphoner ailleurs en Australie (STD) ou à l'étranger grâce à l'International Direct Dialling (IDD) sur les téléphones publics Telstra. Demandez les tarifs à l'opérateur car ils varient en fonction de la distance et de l'heure. Les téléphones publics acceptent la plupart des pièces de monnaie, ainsi que les cartes prépayées pour les communications locales, STD et IDD. (Certains téléphones publics n'acceptent que les cartes prépayées.) Ces cartes sont en vente dans les kiosques à journaux et dans de nombreux magasins ($5, $10, $20 ou $50). Les cartes *Telstra Phone Away* vous permettent d'utiliser n'importe quel téléphone en Australie (privé, public, portable) et de payer la communication avec votre carte. Les *credit phones*, que l'on trouve dans les aéroports, les hôtels et plusieurs endroits au centre-ville, vous permettent de payer votre communication avec une carte de crédit reconnue. Country Direct est un service qui vous permet d'accéder directement à un opérateur dans votre pays d'origine. Vous n'avez pas besoin de monnaie car la communication est payée par le receveur ou chargée sur votre carte de crédit. Des annuaires de Country Direct sont disponibles dans les boutiques Telstra et les agences de voyages.

Les annuaires donnent des instructions complètes ainsi qu'une liste de numéros d'urgence. Pour téléphoner à l'étranger, composez le 0011, le code du pays, puis le code local suivi du numéro.

POURBOIRE

Les pourboires sont une pratique assez récente et complètement dis-crétionnaire. En général, on ne laisse pas de pourboire aux chauffeurs de taxi, aux porteurs ou aux coiffeurs. Mais rien ne vous en empêche, si vous y tenez. Les porteurs ont un tarif fixe dans les gares et les aéro-ports, mais pas dans les hôtels. Les hôtels et les restaurants n'ajoutent pas de pourcentage de service à leurs additions. Dans les grands restaurants, les clients laissent en général un pourboire de 10% du total de l'addition, (si vous êtes impressionné par le service, allez jusqu'à 15%!) Le pourboire est une récompense pour un service de qualité aussi, si ce n'est pas le cas, ne songez pas à laisser de pourboire.

R

RECLAMATIONS

Si vous avez l'impression que l'on a tenté de vous escroquer sur le prix du menu ou de la chambre d'hôtel, adressez-vous directement à la per-sonne responsable (c'est en général efficace) ou contactez le Department of Fair Trading du NSW, tél. (02) 9286-0006.

RELIGION

L'Australie est un pays majoritairement chrétien. Le nombre de catholiques vient de dépasser celui des anglicans (Eglise d'Angleterre). Parmi les non chrétiens, les musulmans représentent le groupe religieux le plus important, suivi par les juifs et les boud-dhistes. Pour trouver l'église, le temple ou la synagogue de votre choix, renseignez-vous à la réception de votre hôtel ou dans les pages jaunes de l'annuaire (*Churches and Synagogues*).

S

SANTE et SOINS MEDICAUX

L'hygiène générale est excellente, surtout dans les industries et les professions alimentaires. Les médecins et les dentistes sont compétents et les hôpitaux bien équipés. Si vous tombez malade, votre hôtel pourra appeler un médecin ou vous en indiquer un. Vous pouvez également vous procurer une liste de médecins et dentistes auprès de votre ambassade ou consulat. Avant votre départ, vous devriez prendre un assurance personnelle ou de voyage qui couvre les frais médicaux en cas de maladie ou d'accident.

Vous êtes autorisé à entrer dans le pays avec une «quantité raisonnable» de médicaments non narcotiques prescrits, à condition qu'ils soient clairement étiquetés. Pour les quantités plus larges, munissez-vous de l'ordonnance de votre médecin et soyez prêt à la présenter à la douane. Tous les médicaments doivent être transportés dans votre bagage à main. Les pharmacies locales qu'on appelle *chemists*, peuvent délivrer tous les médicaments prescrits par un médecin enregistré en Australie.

Certains dangers existent en mer et à la campagne, à commencer par le soleil. Le niveau d'ultraviolets est très élevé et l'on brûle rapidement; un écran solaire à fort indice de protection est nécessaire, même par temps couvert. En outre, méfiez-vous des serpents et des araignées. Vous avez peu de chances de tomber sur un serpent dans le centre de Sydney, mais ils se glissent parfois jusque dans les faubourgs. Les plus dangereux sont les vipères. L'araignée de Sydney, à la toile en entonnoir, qui est noire et bulbée, est l'une des plus dangereuses du monde. Il existe un sérum antivenin. Cette araignée vit dans des trous du sol, principalement dans les faubourgs au nord de Sydney. Les piqûres sont assez rares (une dizaine de victimes par an), mais elles doivent être traitées immédiatement. Si vous ou quelqu'un de votre entourage a été piqué, essayez d'attraper l'araignée pour qu'elle soit identifiée. Les autres araignées vénéneuses sont la *redback*, l'*eastern mouse spider* et la *white-tail*. Les morsures sont rares et rarement mortelles, mais voyez un médecin quand même si vous êtes piqué.

Les attaques de requins sont extrêmement rares. Mais à certaines saisons et dans certaines régions, les *bluebottles* (de dangereuses méduses) s'agglutinent vers les plages. La piqûre est très douloureuse, mais se traite avec du vinaigre. Au nord de l'Australie, les crocodiles menacent quelquefois les nageurs. Fiez-vous aux panneaux indicateurs.

Certaines plages de Sydney ont souffert de la pollution par les égouts. Pour plus d'informations sur l'état des plages, appelez Beachwatch Infoline, tél. (02) 9901-7996. Sydney a connu deux alertes concernant l'eau potable en 1998, lorsque des parasites microscopiques ont été découverts dans les réserves d'eau. Les autorités ont alors conseillé à la population de faire bouillir l'eau pendant au moins une minute. Ces parasites ont depuis été éliminés et une rénovation de l'infrastructure a été annoncée. La qualité de l'eau est contrôlée quotidiennement.

Le nombre de morts liées au virus du SIDA est particulièrement élevé à Sydney (7 pour 100 000 personnes), aussi protégez-vous.

T

TOILETTES

Sans euphémisme, les toilettes en Australie se disent *toilet*, mais dans un pays ou l'argot est si riche, il existe quelques synonymes salés. *Dunny* est le terme argotique qu'on emploie dans l'Outback, mais vous pouvez également demander les *washroom*, *restrooms*, *ladies* ou *gents* et vous serez compris. Dans Sydney, les toilettes publiques sont souvent verrouillées à partir d'une certaine heure, vous pouvez en général utiliser ceux des pubs ou des cinémas sans avoir à acheter un verre ou un billet. Les toilettes sont plutôt propres, même dans l'Outback.

TRANSPORTS URBAINS

Le numéro du service d'information sur les horaires et tarifs des ferries, des bus et des trains de Sydney est le **131-500**.

Le bus. Les bus sont un bon choix pendant les heures ouvrables, mais le service ralentit après la tombée de la nuit. (Les trains sont plus rapides mais circulent en souterrain; c'est donc moins agréable pour visiter.) Les gares routières sont à Wynyard Park sur York Street (en direction des faubourgs du nord) et à Circular Quay (pour toutes les autres destinations). Le prix du billet varie en fonction de la distance parcourue. Vous pouvez acheter vos billets directement au chauffeur ou aux employés de la compagnie dans les arrêts principaux. Les numéros de bus qui commencent par un X indiquent que le service est express (arrêts limités).

Deux lignes de bus, le Sydney Explorer rouge et le Bondi and Bay Explorer bleu, permettent une bonne visite de la ville. La première couvre tous les hauts lieux du centre et la seconde les baies, les plages et les sites de l'est de la ville, y compris Kings Cross et Watsons Bay. Si vous achetez un billet à A$20 pour la journée, cela vous permet de vous arrêtez partout et de reprendre le bus toute la journée. Ces bus passent assez souvent pour que vous n'attendiez jamais trop longtemps à l'arrêt. Les «Sydney Passes», d'un bon rapport, offrent un nombre de voyages illimité sur les deux lignes bleue et rouge, plus l'accès à l'Airport Express bus, au train et à tous les ferries; il existe des «*pass*» de trois, cinq ou sept jours.

Le train. Le métro de Sydney (*subway*) circule de 4h30 à minuit; il assure également la liaison avec les trains qui desservent les faubourgs et la banlieue. Après minuit, le service de bus «Nightride» prend le relais et roule toute la nuit. Les voitures ont deux étages. La nuit, une zone de sécurité, marquée sur les quais, vous indique les voitures qui sont ouvertes, en général celles qui sont proches du gardien. Les autres voitures sont fermées la nuit.

Le monorail. Il relie le centre-ville à Darling Harbour. Le service s'arrête à 21h l'hiver et à minuit les mois d'été.

Le ferry. C'est un élément vital dans une ville dont les habitants traversent continuellement le port dans un sens ou dans l'autre. Les ferries naviguent de 6h à 23h tous les jours. Ils partent, pour la plupart, de Circular Quay, et fournissent aux touristes un moyen de transport agréable et bon marché pour aller visiter Kirribilli, Neutral Bay ou Taronga Zoo. Des ferries et des JetCats, plus rapides, assurent une liaison régulière entre Circular Quay et Manly. Le moyen le plus lent, mais le plus panoramique, de relier Circular Quay à Darling Harbour est de prendre le ferry. Les taxis sur l'eau, «Water taxis», vous permettent d'établir votre propre itinéraire, mais ils sont assez chers. tél. (02) 9810-5010 ou (02) 9922-4252.

Le taxi. Les visiteurs se plaignent souvent: (a) de la saleté des voitures, (b) des chauffeurs qui ne parlent pas anglais et (c) des chauffeurs qui se perdent. En 1998, les autorités ont décrété que les chauffeurs devaient porter des uniformes. Cette mesure n'a pas résolu le problème et certains chauffeurs demandent encore à leurs clients de leur expliquer la route ou s'arrêtent pour étudier leur plan (dans ce cas, ils doivent stopper le compteur.)

Cela dit, la plupart des chauffeurs sont compétents. Si la lumière orange au-dessus de la voiture est allumée, cela signifie que le taxi est libre et que vous pouvez l'attraper à la volée. Sinon rendez-vous aux stations devant les centres commerciaux, les gares et les grands hôtels et prenez le premier taxi de la file. Vous pouvez commander un taxi par téléphone (131-415 ou 131-017). Les compteurs affichent le prix de la course ainsi que les suppléments, comme le temps d'attente. La plupart des Australiens s'assoient à côté du chauffeur, mais si vous préférez vous asseoir à l'arrière, cela ne vexera personne. En général, on ne donne pas de pourboire au chauffeur.

Le tramway *(light rail)*. Autrefois le système de tramways de Sydney se classait juste derrière celui de Londres. Ils circulaient dans toute la ville et allaient jusqu'à Bondi. Au début des années 1960, par une décision inconsidérée, Sydney a mis ses vieux trams au rebut. Le nouveau service de tramways, renommé «light rail», opère sur un seul trajet. Les billets sont plus chers que ceux du métro, mais la route est assez panoramique. Elle part de Central Station traverse Chinatown, passe Darling Harbour jusqu'au marché aux poissons et même un peu plus loin.

U

URGENCES

Pour appeler une ambulance, les pompiers ou la police, composez le **000**. Ce numéro est valide dans toutes les villes et bourgades et l'appel est gratuit des cabines publiques. Si vous êtes dans une région reculée, vérifiez le numéro d'urgence sur la couverture de l'annuaire.

VOLS et DELITS

Il y a peu de crimes à Sydney (deux meurtres pour 100 000 habitants) et la ville est assez sûre. Il est toutefois préférable de prendre vos précautions contre les cambriolages et le vol à la tire. Déposez vos objets de valeur dans le coffre de l'hôtel ou dans celui de votre chambre. Fermez votre chambre et votre voiture à clé. Méfiez-vous des pickpockets dans les bus bondés et sur les marchés.

Il vaut mieux éviter Hyde Park après la tombée de la nuit, surtout si vous êtes seul. Il n'est pas prudent non plus de traîner seul le soir dans William Street, la rue qui va de Hyde Park à Kings Cross. Les petites rues reculées de Kings Cross n'ont pas une bonne réputation, mais la rue principale est assez sûre. Les rapports de police signalent que des sacs sont volés à l'arraché près de Redfern Station et dans le quartier de Waterloo, un faubourg du sud de Sydney.

VOYAGEURS GAYS et LESBIENNES

Sydney est l'une des capitales gays du monde et on la surnomme parfois la capitale gay de l'hémisphère sud. D'après les estimations, la population gay s'élève à 400 000, soit un habitant de Sydney sur dix. Dans l'état du NSW, la discrimination contre les homosexuels et la diffamation sont illégales, mais l'intolérance subsiste parfois.

La population gay de la ville est suffisamment importante pour soutenir deux publications, le *Sydney Star Observer* et *Capital Q Weekly*, disponibles dans les librairies, les pubs et les cafés du centre de Sydney. Vous y trouverez toutes les informations relatives à la vie de la communauté et aux événements gays.

La population gay s'est principalement regroupée autour d'Oxford Street (parfois surnommée, le «Golden Mile», le kilomètre d'or) et dans le quartier voisin de Darlinghurst. La scène gay s'est également développée sur King Street à Newtown. Les pubs les plus connus, fréquentés par la communauté masculine, autour d'Oxford Street sont l'Albury, le Beauchamp, et le Beresford. A Newtown, les hommes se rassemblent à l'Imperial Hotel et au Newtown Hotel, tandis que les lesbiennes préfèrent le Bank Hotel et Sirens.

Hôtels recommandés

C'est souvent difficile de choisir un hôtel dans une ville que l'on ne connaît pas. Vous trouverez ci-dessous une liste d'hôtels dont la qualité a été prouvée et qui vous donnera un point de départ. Le choix est vaste, allant du cinq étoiles élégant au service impeccable, aux hôtels d'appartements et aux auberges. (voir HOTELS ET LOGEMENT et OFFICE DU TOURISME). La plupart des grandes chaînes internationales sont représentées et le boom préolympique a permis une chute du prix des chambres. Les analystes estiment que les prix resteront bas jusqu'à l'approche immédiate des Jeux en septembre 2000.

La liste suivante est organisée par quartier et par ordre alphabétique. Les prix baissent considérablement lorsque vous vous éloignez du bord de mer.

Les symboles suivant indiquent les prix moyens pour une chambre double avec salle de bains, sans compter les taxes et les pourboires. Sauf indication contraire, le petit déjeuner n'est pas compris. Les prix correspondent à une chambre double en milieu de semaine mais, de nombreux hôtels de Sydney proposent des réductions (jusqu'à 30%) pour le week-end. Renseignez-vous en réservant. Les hôtels du centre-ville doivent s'acquitter d'une taxe de lit de 10%.

✸✸✸✸	plus de A$250
✸✸✸	de A$170 à A$250
✸✸	de A$100 à A$170
✸	moins de A$100

Les Rocks et Circular Quay

ANA Hotel Sydney ✸✸✸✸ *176 Cumberland Street, the Rocks, NSW 2000; tél. (02) 9250-6000, fax (02) 9250-6250.* Toutes les chambres ont vue sur le port et de luxueuses salles de bains en marbre. Les chambres sont spacieuses et le service est excellent. Le bar offre une vue panoramique sur la ville. Accès handicapés. 613 chambres. Principales cartes de crédit.

dotel Inter-Continental Sydney ✿✿✿✿ *117 Macquarie Street, NSW 2000; tél. (02) 9230-0200, fax (02) 9240-1240.* Dans un immeuble élégant qui abrite l'ancien service du Trésor de Sydney, l'Inter-Continental mêle la grâce du XIXe siècle au confort du XXe. Situé sur l'une des avenues les plus imposantes de Sydney, l'hôtel est à une courte distance du port, de l'Opéra et des jardins botaniques. Piscine, club de sport, sauna, étages non-fumeurs. Le Pierpont's Bar possède la plus belle collection de cigares havanes. Accès handicapés. 497 chambres. Principales cartes de crédit.

Observatory Hotel ✿✿✿✿ *89-113 Kent Street, Millers Point, NSW 2000; tél. (02) 9256-2222, fax (02) 9256-2233.* Petit pour un cinq étoiles, cet hôtel splendide et élégant semble avoir accueilli des voyageurs depuis des lustres. Pourtant il ne date que des années 1990. Vous y trouverez une immense piscine couverte chauffée et d'autres splendeurs. Il est situé dans une rue calme, non loin des Rocks. Accès handicapés. 100 chambres. Principales cartes de crédit.

Old Sydney Parkroyal ✿✿✿✿ *55 George Street, NSW 2000; tél. (02) 9252-0524, fax (02) 9251-2093.* Très bien situé, avec une piscine chauffée sur le toit, sauna, thermes, et un parking couvert. Accès handicapés. 174 chambres. Principales cartes de crédit.

Park Hyatt Sydney ✿✿✿✿ *7 Hickson Road, the Rocks, NSW 2000; tél. (02) 9241-1234, fax (02) 9256-1555.* Difficile de faire mieux en ce qui concerne l'emplacement et les aménagements de cette propriété. Appuyez sur un bouton et les rideaux s'ouvrent en révélant une vue magnifique sur l'Opéra et les voiliers. Le jacuzzi sur le toit vous donnera une impression de vacances. Très apprécié des célébrités. Accès handicapés. 158 chambres. Principales cartes de crédit.

Quay Grand ✿✿✿✿ *61-69 Macquarie Street, NSW 2000; tél. (02) 9256-4000, fax (02) 9256-4040.* Cet hôtel composé de suites de style Art déco moderne offre une vue merveilleuse sur le port, le quartier des Rocks, le Pont, la ville et les jardins botaniques.

Vous pouvez admirer le ballet des ferries assis au bar. Accès handicapés. 50 chambres. Principales cartes de crédit.

Regent Sydney ❀❀❀❀ *199 George Street, NSW 2000; tél. (02) 9238-0000, fax (02) 9251-2851.* L'un des cinq étoiles les plus originaux de Sydney, le Regent s'est bâti une solide réputation. Construit dans les années 1980, il a fermé trois mois en 1999 pour agrandir les chambres et les rénover. Le service est excellent, l'hôtel est près du port et sa salle à manger est réputée. Accès handicapés. 531 chambres. Principales cartes de crédit.

Ritz-Carlton Sydney ❀❀❀❀ *93 Macquarie Street, NSW 2000; tél. (02) 9252-4600, fax (02) 9252-4286.* Face aux jardins botaniques et décoré de toiles, de tapis persans et d'autres artifices du même genre, le style de cet hôtel parut d'abord trop formel pour Sydney, mais l'hôtel a fait ses preuves. Accès handicapés. 106 chambres. Principales cartes de crédit.

Sydney Renaissance ❀❀❀❀ *30 Pitt Street, NSW 2000; tél. (02) 9259-7000, fax (02) 9251-1122.* Cet hôtel, racheté par Marriott International, est situé à proximité de la Bourse et de Circular Quay. Des volets empêchent complètement la lumière d'entrer dans les chambres si nécessaire. Les résidents reçoivent leur propre adresse email dès leur arrivée. Accès handicapés. 579 chambres. Principales cartes de crédit.

Le centre-ville

All Seasons Premier Menzies Hotel ❀❀❀❀ *14 Carrington Street, NSW 2000; tél. (02) 9299-1000, fax (02) 9290-3819.* L'un des plus vieux hôtels de Sydney, le Menzies a une apparence très traditionnelle mais ses chambres spacieuses, récemment rénovées, offrent tout le confort moderne. Situé au cœur du centre de Sydney. Accès handicapés. 446 chambres. Principales cartes de crédit.

Hyde Park Plaza ❀❀❀ *38 College Street, NSW 2000; tél. (02) 9331-6933, fax (02) 9331-6022.* Surplombant le parc, cet hôtel est constitué de petits appartements individuels qui vont du studio aux deux ou trois pièces. Un petit déjeuner continental est compris dans le prix des chambres. Le Hydeaway Cocktail Bar est un lieu agréable pour prendre un café ou un apéritif. Accès handicapés. 182 chambres. Principales cartes de crédit.

Mercure Hotel Sydney ✿✿✿ *818-820 George Street, NSW 2000; tél. (02) 9217-6666, fax (02) 9217-6888.* Sur Railway Square, à proximité de Chinatown et des principaux sites de loisirs de Sydney. Le stade de football et le terrain de cricket ne sont qu'à quelques minutes. Accès handicapés. 517 chambres. Principales cartes de crédit.

Sheraton on the Park ✿✿✿✿ *161 Elizabeth Street, NSW 2000; tél. (02) 9286-6000, fax (02) 9286-6686.* Cet hôtel n'offre pas de vue sur le port, mais vous permet d'admirer la verdure de Hyde Park. Le grand hall et l'escalier d'honneur sont agrémentés d'un club de sport. Situé à deux pas des grands magasins. Accès handicapés. 559 chambres. Principales cartes de crédit.

Sydney Central YHA ✿✿ *Au coin de Pitt Street et Rawson Place, NSW 2000; tél. (02) 9281-9111, fax (02) 9281-9199.* C'est le gagnant du prix du tourisme australien parmi les hôtels pas chers. Techniquement une auberge de jeunesse, c'est aussi un hôtel très bien situé dans un immeuble historique en face de la gare centrale. Une chambre à partager à deux lits coûtait A\$33 par personne et par nuit en 1999. Accès handicapés. 144 chambres. Principales cartes de crédit.

Sydney Hilton ✿✿✿✿ *259 Pitt Street, NSW 2000; tél. (02) 9266-2000, fax (02) 9265-6065.* Situé dans un immeuble de 43 étages (construit en 1975), l'hôtel offre tout le confort Hilton. Les chambres commencent au 20e étage et le hall d'entrée a beaucoup plus d'allure que ne le suggère l'extérieur. Le Marble Bar, au sous-sol, est une institution de Sydney. Accès handicapés. 585 chambres. Principales cartes de crédit.

Sydney Marriott Hotel ✿✿✿✿ *36 College Street, NSW 2010; tél. (02) 9361-8400, fax (02) 9361-8599.* Cet hôtel domine Hyde Park et n'est pas loin de l'Australian Museum. Les chambres sont équipées de plusieurs téléphones, d'une télévision avec télécommande, d'air conditionné à thermostat individuel, de fers et de tables à repasser, de fours à micro-ondes, de théières et de cafetières électriques, de robes de chambres et de sèche-cheveux. Une service de thalassothérapie est proposé. Accès handicapés. 241 chambres. Principales cartes de crédit.

2 Bond Street ✿✿✿✿ *2 Bond Street, NSW 2000; tél.(02) 9250-9555, fax (02) 9250-9556.* Les studios comprennent d'agréables cuisines et de charmants petits salons. Situé dans le centre, l'hôtel est à proximité du quartier des affaires et à quelques pas de Circular Quay. Accès handicapés. 185 chambres. Principales cartes de crédit.

The Wentworth ✿✿✿✿ *61-101 Phillip Street, NSW 2000; tél. (02) 9230-0700, fax (02) 9227-9133.* The Wentworth, un hôtel de la chaîne Ridges, a longtemps figuré parmi les institutions de Sydney. Situé au cœur du CBD, cet établissement est à deux pas de l'Opéra, de Circular Quay, des Rocks et des jardins botaniques. 431 chambres. Principales cartes de crédit.

Darling Harbour

Grand Mercure Apartments ✿✿✿✿ *50 Murray Street, Pyrmont, NSW 2009; tél. (02) 9563-6666, fax (02) 9563-6699.* Les appartements de deux ou trois chambres sont décorés avec goût. Ils diposent chacun d'un balcon, une cuisine équipée et une machine à laver. Il y a également une piscine (25 m) sur le toit, un spa, une salle de gym et un sauna. Situé à quelques pas du Casino, de Darling Harbour et de Cockle Bay Wharf. Accès handicapés. 121 chambres. Principales cartes de crédit.

Hotel Ibis Darling Harbour ✿✿-✿✿✿ *70 Murray Street, Pyrmont NSW 2009; tél. (02) 9563-0888, fax (02) 9563-0899.* Situé à quelques minutes de marche de Darling Harbour, de Cockle Bay Wharf. Le tramway Light Rail et le Monorail s'arrêtent à la porte de l'hôtel. Non loin du Star City Casino, des boutiques et des salles de spectacle du centre-ville, de

Chinatown et de Central Station. Accès handicapés. 256 chambres. Principales cartes de crédit.

Hotel Nikko ✪✪✪✪ *161 Sussex Street, NSW 2000; tél. (02) 9299-1231, fax (02) 9299-3340.* C'est l'un des plus grands hôtels australiens et ses courbes élégantes font face à Darling Harbour. Le Nikko est à quelques pas ou à quelque minutes du monorail du CBD et des salles de spectacle. Son pub, le Dundee Arms, est très agréable pour prendre un verre. Accès handicapés. 645 chambres. Principales cartes de crédit.

Mercure Hotel Lawson ✪✪✪ *383-389 Bulwara Road, Ultimo, NSW 2007; tél. (02) 9211-1499, fax (02) 9281-3764.* Situé derrière Darling Harbour, à quelques pas du Powerhouse Museum et du Sydney Entertainment Centre, le Mercure offre un service plaisant. Le buffet du déjeuner et le centre de conférences rénové en font un centre de congrès apprécié. Accès handicapés. 96 chambres. Principales cartes de crédit.

Novotel Sydney on Darling Harbour ✪✪✪-✪✪✪✪ *100 Murray Street, Pyrmont, NSW 2009; tél. (02) 9934-0000, fax (02) 9934-0099.* Offrant une vue magnifique sur la découpe de la ville depuis Darling Harbour, l'hôtel vient de terminer une rénovation de toutes les chambres de A$6 millions en 1999. Vous y trouverez un court de tennis, une piscine en plein air, une salle de gym et un sauna. Accès handicapés. 527 chambres. Principales cartes de crédit.

A l'est du centre-ville

City Crown Lodge ✪ *289 Crown Street, Surry Hills, NSW 2010; tél. (02) 9331-2433, fax (02) 9360-7760.* Cet établissement propret et plaisant est situé dans une rue à la mode dans le faubourg de Surry Hills, non loin d'Oxford Street. Les alentours regorgent de cafés et de restaurants. Complètement rénovées en 1997, toutes les chambres ont leur propre salle de bains et balcon. 29 chambres. Principales cartes de crédit.

Furama Hotel Central ✪✪ *28 Albion Street, Surry Hills; tél. (02) 9281-0333, fax (02) 9281-0222.* Ce nouvel établissement à proximité de Central Station offre des chambres propres et spacieuses dans les environs d'Oxford Street et de Chinatown. Accès handicapés. 270 chambres. Principales cartes de crédit.

Gazebo Hotel ✪✪✪ *2 Elizabeth Bay Road. Elizabeth Bay, NSW 2011; tél. (02) 9358-1999, fax (02) 9356-2951.* La plupart des chambres offrent une vue magnifique sur le port, les faubourgs à l'est et la silhouette de la ville. Le Windows, restaurant et bar sur le toit qui offrent une vue magnifique sur Sydney, est un endroit merveilleux pour se relaxer. Non loin de la vie nocturne de Kings Cross et du quartier des restaurants. Accès handicapés. 384 chambres. Principales cartes de crédit.

Manhattan Park Inn ✪✪ *6-8 Greenknowe Avenue, Elizabeth Bay, NSW 2011; tél. (02) 9358-1288, fax (02) 9357-3696.* Cet établissement au style Art déco offre un bon rapport qualité-prix et une belle vue sur la ville. Construit en 1926, il fut complètement rénové au milieu des années 1990. A environ 250 m de la gare de Kings Cross et à 2 km des Rocks. Une seule chambre permet l'accès aux chaises roulantes. 139 chambres. Principales cartes de crédit.

Medusa ✪✪✪ *267 Darlinghurst Road., Darlinghurst, NSW 2010; tél. (02) 9331-1000, fax: (02) 9380-6901.* Un bel exemple des hôtels à petite échelle de Sydney, le Medusa propose des studios au décor personnalisé. Chacune dispose d'une bonne stéréo, d'une télévision, d'un four à micro-ondes et d'une kitchenette. Les couleurs sont très vives et les lits immenses. Le personnel est attentif et la pièce d'eau dans la cour est exquise. 18 chambres. Principales cartes de crédit.

Oxford Koala Hotel and Apartments ✪✪ *55 Oxford Street, Darlinghurst, NSW 2010; tél. (02) 9269-0645, fax (02) 9283-2741.* Près de Hyde Park et du centre-ville, ce vaste hôtel se trouve sur le chemin de la célèbre parade gay du Mardi Gras. Piscine sur le toit, parking et restaurant. Accès handicapés. 330 chambres. Principales cartes de crédit.

Sydney

Ritz-Carlton Double Bay ❀❀❀❀ *33 Cross Street, Double Bay, NSW 2028; tél. (02) 9362-4455, fax (02) 9362-4744.* Situé au cœur du quartier verdoyant de Double Bay, un beau quartier résidentiel, cette belle et luxueuse propriété n'est qu'à quelques pas du port. Les vues de la piscine sont magiques et l'hôtel est entouré de restaurants. Accès handicapés. 106 chambres. Principales cartes de crédit.

Sebel of Sydney ❀❀❀-❀❀❀❀ *23 Elizabeth Bay Road, Elizabeth Bay, NSW 2011; tél. (02) 9358-3244, fax (02) 9357-1926.* Le plus vieux cinq étoiles de Sydney, cet hôtel calme et discret à deux pas de Kings Cross attire les célébrités du monde de la musique et du théâtre. Le service est légendaire, ainsi que le bar orné de photos de stars dont quelques-unes sont jaunies. Accès handicapés. 165 chambres. Principales cartes de crédit.

Kings Cross

Holiday Inn ❀❀❀ *203 Victoria Street, Potts Point, NSW 2011; tél. (02) 9368-4000, fax (02) 9267-4119.* Bien situé pour ne pas manquer l'animation de Kings Cross ou d'Oxford Street. Le quartier est très animé toute la nuit et toute la journée mais les chambres, calmes et bien aménagées, offrent une vue étonnante de la ville. A proximité de la station de métro de Kings Cross. Accès handicapés. 278 chambres. Principales cartes de crédit.

New Hampshire Apartments ❀❀❀ *2 Springfield Avenue, Potts Point, NSW 2011; tél. (02) 9356-3222, fax (02) 9357-2296.* Les gens du spectacle l'ont gentiment surnommé le «Hamster». Cet hôtel est situé au cœur de l'animation nocturne de Kings Cross et du quartier des restaurants. Dans l'entrée, vous verrez toutes les photos dédicacées par les groupes de rock qui y ont séjourné. Les appartements d'une ou deux chambres à coucher sont spacieux et ont de belles vues sur le port. Accès handicapés. 54 chambres. Principales cartes de crédit.

Regent's Court Hotel ❀❀❀ *18 Springfield Avenue, Potts Point, NSW 2011; tél. (02) 9358-1533, fax (02) 9358-1833.* Charmant hôtel de petite taille dont les suites ont chacune une cuisine bien équipée. L'immeuble date des années 1920 et l'esprit de cette époque a été respecté lors de la rénovation. 29 chambres. Principales cartes de crédit.

Le nord de Sydney

Duxton Hotel North Sydney ✿✿✿-✿✿✿✿ *88 Alfred Street, Milsons Point, NSW 2061; tél. (02) 9955-1111, fax (02) 9955-3522.* Longtemps le préféré des hommes d'affaires en déplacement, cet hôtel offre une belle vue sur le Harbour Bridge, l'Opéra et la tour de Centrepoint. Toutes les suites, regroupées sur les six derniers étages, sont équipées de fax et de connections pour modem. Accès handicapés. 165 chambres. Principales cartes de crédit.

Rydges North Sydney ✿✿✿ *54 McLaren Street, NSW 2060; tél. (02) 9922-1311, fax (02) 9922-4939.* Les chambres et suites autonomes bien équipées sont rehaussées par une belle vue du parc et du port depuis les balcons individuels. Le nord de Sydney, à proximité du cœur commercial de la ville, est réputé pour ses agréables jardins. Accès handicapés. 167 chambres. Principales cartes de crédit.

Bondi

Swiss-Grand Hotel Bondi Beach ✿✿✿ *Campbell Parade (au coin de Beach Road), Bondi Beach, NSW 2026; tél. (02) 9365-5666, fax (02) 9130-3545.* Situé tout à côté de la plage de Bondi mais néanmoins à 15 ou 20 min du centre-ville et de l'aéroport. Il y a des spectacles tous les jours dans le bar du lobby. Accès handicapés. 203 chambres. Principales cartes de crédit.

Manly

Radisson Kestrel Hotel ✿✿✿ *8-13 South Steyne, Manly Beach NSW 2095; tél. (02) 9977-8866, fax (02) 9977-8209.* Manly n'est qu'à 25 min en JetCat de Circular Quay, mais donne l'impression d'être très retiré. La propriété bénéficie d'une jolie plage et de chambres confortables. C'est particulièrement sympathique de dîner sur les balcons du restaurant Sorrel. Accès handicapés. 83 chambres. Principales cartes de crédit.

Restaurants recommandés

La mode est très changeante en ce qui concerne les restaurants de Sydney qui sont très vite abandonnés du public quelques mois après leur ouverture. Quelquefois cela tient au départ précipité du chef, mais c'est souvent un mystère. Voici toutefois une liste de restaurants qui ont résisté à l'épreuve du temps et se sont bâtis une solide réputation.

Les restaurants ci-dessous sont classés alphabétiquement par quartier. Les prix indiqués concernent un repas type, entrée, plat, dessert; boissons et pourboire non compris.

Il est toujours préférable de faire une réservation téléphonique surtout en haute saison.

❀❀❀	plus de A$50
❀❀	de A$25 à A$50
❀	moins de A$25

Les Rocks et Circular Quay

Bennelong ❀❀❀ *Sydney Opera House, Bennelong Point; tél. (02) 9250-7548.* Cuisine australienne moderne très imaginative dans un décor très apprécié. Le meilleur sur le port, difficile de mieux faire. Principales cartes de crédit.

MCA Fish Café ❀❀❀ *140 George Street; tél. (02) 9241-4253.* Essayez d'obtenir une table sur la terrasse, la vue y est époustouflante. Le poisson y est particulièrement succulent et provient plutôt de la pêche à la ligne qu'au filet. Principales cartes de crédit.

Merrony's ❀❀❀ *2 Albert Street; tél. (02) 9247-9323.* Cuisine moderne australienne. Elégant et agréable, à quelques pas de l'animation du port. Principales cartes de crédit.

Rockpool ❀❀❀ *107 George Street; tél. (02)9252-1888.* L'un des restaurants les plus à la mode de Sydney depuis 10 ans, le Rockpool propose une cuisine australienne moderne très inventive dans un décor charmant. Les fruits de mer sont excellents. Principales cartes de crédit.

Sailor's Thai Canteen ✸✸ *106 George Street; tél. (02) 9251-2466.* Ce n'est pas une cantine et le restaurant n'est pas spécialement fréquenté par les marins. Toutefois il est situé dans une ancienne maison de marin et sert de la cuisine thaïlandaise. Pour la vue, prenez une table sur la terrasse. Principales cartes de crédit.

The Wharf Restaurant ✸✸✸ *Pier 4, Hickson Road, Walsh Bay; tél. (02) 9250-1761.* A proximité du Pont de Sydney, le quai 4 est réputé pour ses artistes et ses théâtres. Une belle vue sur le port, bonne cuisine australienne moderne, et clientèle aux allures d'artistes à la mode. Principales cartes de crédit.

Le centre-ville

BBQ King ✸ *18-20 Goulburn Street; tél. (02) 9267-2433.* L'un des plus anciens de Chinatown. Service rapide, serveurs zélés et bonne cuisine. Principales cartes de crédit.

Beppi's ✸✸✸ *Au coin de Yurong et Stanley Street; tél. (02) 9360-4391.* L'un des meilleurs restaurants italiens de Sydney, Beppi's est établi depuis les années 1950. La cave est principalement constituée de vins italiens et du New South Wales. Principales cartes de crédit.

Bill and Toni ✸ *74 Stanley Street, East Sydney; tél. (02) 9360-4702.* Sympathique restaurant italien d'ambiance familiale. Les portions sont très copieuses (pâtes, boulettes de viande, osso bucco). Bons jus de fruits. Excellent café et sambucca en bas. Pas de cartes de crédit.

Capitan Torres ✸✸ *73 Liverpool Street; tél. (02) 9264-5574.* Situés dans le tout jeune quartier espagnol de Sydney (deux pâtés de maisons), le Capitan sert une cuisine espagnole régionale et des pichets de sangria rouge sang. Principales cartes de crédit.

Emperor's Garden ✸ *213 Thomas Street, Haymarket; tél. (02) 9281-9899.* Cafétéria cantonaise rapide et reconnue, le service est rapide et les repas sont de bonne qualité pour un prix modique. Principales cartes de crédit.

Hyde Park Barracks Café ✿✿ *Queens Square, Macquarie Street; tél. (02) 9223-1155.* Difficile de trouver un restaurant dans un lieu plus historique que ce quartier de détention. Les prisonniers y survivaient avec des flocons d'avoine, du pain et de l'eau; le déjeuner est bien plus copieux aujourd'hui. Principales cartes de crédit.

Johnnie Walker's Angus Restaurant ✿✿-✿✿✿ *25 Bligh Street; tél. (02) 9232-6099.* Restaurant de steaks et de fruits de mer; la cuisine y est délicieuse et les vins excellents. Le décor est très australien. Apprécié depuis 1954, Johnnie Walker's n'a pas grand chose à prouver. American Express et Visa uniquement.

Darling Harbour

Ampersand ✿✿✿ *The Roof Terrace, Cockle Bay Wharf; tél. (02) 9264-6666.* Deux grands restaurateurs de Sydney se sont joints dans cette entreprise franco-japonaise, située dans un jardin sur le toit qui domine Darling Harbour. Principales cartes de crédit.

Potts Point

The Pig and the Olive ✿✿ *71A Macleay Street; tél. (02) 9357-3745.* Bruyant, animé et sympa, de bonnes pizzas et des plats d'influence méditerranéenne. Principales cartes de crédit.

Kings Cross et Darlinghurst

Balkan Seafood ✿✿ *215 Oxford Street; tél. (02) 9331-7670.* La plupart des spécialités grillées en vitrine viennent de la mer, mais les mangeurs de viande pourront apprécier les spécialités des Balkans comme le *pola pola*. Pas de cartes de crédit.

Bayswater Brasserie ✿✿✿ *32 Bayswater Road, Kings Cross; tél. (02) 9357-2177.* C'est un restaurant élégant et très stylé au cœur de Kings Cross. La clientèle est étonnante, tout comme la cuisine australienne moderne. Principales cartes de crédit.

Oh! Calcutta! ✿ *251 Victoria Street; tél. (02) 9360-3650.* Cuisine indienne moderne, mais vous y trouverez aussi des plats du Pakistan et d'Afghanistan. Le kangourou sauté aux graines de sésame est une toute nouvelle spécialité. Principales cartes de crédit.

Una's Café Restaurant ❀ *340 Victoria Street; tél. (02) 9360-6885.* Cuisine traditionnelle d'Allemagne et d'Autriche, du *Schnitzel* au paprika avec du *Rüsti* de pommes de terre à la choucroute et au *Kasseler Rippchen.* Pas de cartes de crédit.

Surry Hills

The Dolphin Hotel ❀❀ *412 Crown Street; tél. (02) 9331-4800.* Cuisine australienne moderne très imaginative servie dans un pub récemment rénové et très agréable. Sympathique et stylé. Principales cartes de crédit.

Erciyes ❀ *409 Cleveland Street; tél. (02) 9319-1309.* Bon marché, sympathique et bien fréquenté, ce restaurant turc est spécialisé dans les *pide* (pizza turque). Il y a souvent des danseuses du ventre le vendredi et le samedi soir. Paiement de préférence en espèces.

Matsuri ❀ *614 Crown Street; tél. (02) 9690-1336.* Restaurant très animé dans un décor sans prétention. Le service est rapide et ce restaurant est la preuve que la cuisine japonaise n'est pas forcément hors de prix. Principales cartes de crédit.

Mohr Fish ❀ *202 Devonshire Street; tél. (02) 9318-1326.* Une belle variété de poissons frais. Pas de réservations, mais vous pouvez patienter au Shakespeare pub à côté. Pas de cartes de crédit.

Prasit's Northside sur Crown ❀❀ *413 Crown Street; tél. (02) 9319-0748.* Spécialités thaïlandaises épicées, service rapide et décor à la mode. Il y en a un autre dans le nord de Sydney (tél. 02-9957 2271). Visa et MasterCard uniquement.

Glebe

Darling Mills ❀❀❀ *134 Glebe Point Road; tél. (02) 9660-5666.* Excellente cuisine dans un décor d'immeubles en grès, dans un quartier un peu bohème. Cuisine australienne moderne. Principales cartes de crédit.

Mixing Pot ✿✿ *178 St. John's Road; tél. (02) 9660-7449.* Restaurant de l'Italie du nord, tenu par la même famille depuis 18 ans. Confortable et bonne ambiance. Principales cartes de crédit.

Newtown

African Feeling ✿ *501 King Street; tél. (02) 9516-3130.* Spécialités empruntées à diverses cuisines africaines, dans un décor plaisant et le quartier cosmopolite de King Street. Les propriétaires viennent du Nigeria. Principales cartes de crédit.

Old Saigon ✿ *107 King Street, Newtown; tél. (02) 9519-5931.* Fondé par le correspondant de guerre américain, Carl Robinson, et sa femme vietnamienne, Old Saigon sert une cuisine vietnamienne traditionnelle. Carl a vendu le restaurant à la famille de sa femme mais il passe de temps en temps. Principales cartes de crédit.

La côte nord

Bombay Heritage ✿✿ *82 Willoughby Road, Crows Nest; tél. (02) 9906-5596.* Cuisine indienne de bonne qualité. Le curry de poissons est excellent. Principales cartes de crédit.

Lavender Blue Café ✿✿ *165 Blues Point Road, McMahons Point; tél. (02) 9955-7596.* Restaurant très sympathique au nord du port, apprécié des hommes d'affaires, des locaux et des touristes. Cuisine australienne moderne. Principales cartes de crédit.

The Red Centre ✿✿ *70 Alexander Street, Crows Nest; tél. (02) 9906-4408.* Cuisine australienne moderne d'inspiration méditerranéenne avec une touche d'Asie dans un décor aborigène. Et des pizzas en plus. Principales cartes de crédit.

Thomas Street Café ✿✿ *2 Thomas Street, McMahons Point; tél. (02) 9955-4703.* Ce café jardin très isolé est très prisé des résidents et propose une carte australienne saisonnière. Une bonne adresse pour se relaxer et se mêler aux locaux. Principales cartes de crédit.

Les faubourgs

Banjo Patterson Cottage ✱✱✱ *Dans le parc, Punt Road, Gladesville; tél. (02) 9816-3611.* Cuisine australienne moderne de bonne qualité servie dans un cottage de grès qui offre une vue sur la Gladesville River. Principales cartes de crédit.

Centennial Parklands ✱✱ *Dans Centennial Park (à l'angle de Grand et Parkes Drive), Paddington; tél. (02) 9360-3355.* Bonne ambiance pour déjeuner dans un décor de verdure; très apprécié des familles, le week-end. Cuisine australienne moderne très inventive. Principales cartes de crédit.

Minh ✱ *506 Marrickville Road, Dulwich Hill; tél. (02) 9560-0465.* Restaurant vietnamien sympathique qui inclut d'autres cuisines asiatiques à son menu. Principales cartes de crédit.

Tetsuya's ✱✱✱ *729 Darling Road, Rozelle; tél. (02) 9555-1017.* Combinaisons franco-japonaises; très prisé des gourmets. Réservations indispensables. Principales cartes de crédit.

Watson's Bay

Doyle's on the Beach ✱✱✱ *11 Marine Parade; tél. (02) 9337-2007.* Fondé en 1885, Doyle's est le mieux situé pour dîner en terrasse. Les fruits de mer sont simples et très frais; les vues sur la plage sont magnifiques. Principales cartes de crédit.

Bondi

Barzura ✱✱ *62 Carr Street, Coogee; tél. (02) 9665-5546.* Cuisine australienne moderne, qui incorpore des influences grecque et cajun. Belle vue sur la plage de Coogee. Principales cartes de crédit.

Raw Bar ✱✱ *35 Ramsgate Avenue, Bondi Beach; tél. (02) 9365-7200.* Bar à sushi à la mode, apprécié des locaux et des touristes. Tout n'y est pas cru. Principales cartes de crédit.

Sean's Panorama ✱✱✱ *270 Campbell Parade, Bondi Beach; tél. (02) 9365-4924.* Toujours plein. Bonne cuisine australienne moderne avec vue sur les surfeurs. Pas de cartes de crédit.

A PROPOS DE BERLITZ

En 1878, le professeur Maximilian Berlitz eut l'idée révolutionnaire de faire de l'apprentissage d'une langue une expérience agréable et à la portée de tous. Cent vingt ans plus tard, cette même approche opère toujours avec succès.

Pour des cours de langues, des services de traduction et d'interprétation, un enseignement multiculturel, des programmes d'études à l'étranger et tout un éventail de produits et services, rejoignez l'un des 350 centres Berlitz répartis dans plus de 40 pays. Consultez votre annuaire téléphonique pour connaître l'adresse du centre Berlitz le plus proche de chez vous.

Aidons le monde à communiquer